青少年
教育宝典

# 热爱这个世界，未来无限可期

UNLIMITED FUTURE

迟晚晚 著

中国和平出版社
China Peace Publishing House
北京

图书在版编目（CIP）数据

热爱这个世界，未来无限可期 / 迟晚晚著. -- 北京:中国和平出版社，2021.1（2023.10重印）
（青少年教育宝典）
ISBN 978-7-5137-1825-7

Ⅰ. ①热… Ⅱ. ①迟… Ⅲ. ①成功心理—青少年读物 Ⅳ. ①B848.4-49

中国版本图书馆CIP数据核字(2020)第131253号

青少年教育宝典 **热爱这个世界，未来无限可期** 迟晚晚 / 著

| | |
|---|---|
| **编辑统筹** | 张春杰 |
| **责任编辑** | 肖惠蕾 |
| **责任印务** | 魏国荣 |
| **出版发行** | 中国和平出版社（北京市海淀区花园路甲 13 号院 7 号楼 10 层 100088）<br>www.hpbook.com hpbook@hpbook.com |
| **出 版 人** | 林 云 |
| **经 销** | 全国各地书店 |
| **印 刷** | 湖北鄂南新华印刷包装股份有限公司 |
| **开 本** | 880mm×1230mm 1/32 |
| **印 张** | 4.75 |
| **字 数** | 146 千字 |
| **版 次** | 2021 年 1 月第 1 版 2023 年 10 月第 2 次印刷 |
| **书 号** | ISBN 978-7-5137-1825-7 |
| **定 价** | 118.80 元（全 6 册） |

# 前言
# Foreword

时间就像一条弯弯曲曲的小河，无论你愿不愿意，你都必须划起船桨，在有限的生命中驾驶属于自己的小船。跌跌撞撞中，你会看到不一样的风景，结识不一样的人。为了驶向更远的远方，你唯一能做的事，就是勇往直前。

作为自己命运的掌舵手，亲爱的少年，请永远积极乐观。

永远不要被生活中的苦难打败，不敷衍、不妥协，与此同时，竭尽所能地成就更加优秀的自己。自尊、自爱，懂得什么是自立、自主，自己的事情自己做，把“进步”当成一种习惯，每天都与更好的自己相见。

要知道，你已不是咿呀学语的孩童，没有人会永远替你分担成长的烦恼。你昨日酿下的苦果，也需要自己去承担。学会像大人一样思考问题，不逞一时之快，多为未来做打算。相信你的改变会让你收获意想不到的惊喜。

作为自己命运的掌舵手，亲爱的少年，请永远谦逊好学。

和“懒惰”说再见。其实，努力从来不是一件痛苦的事情，相反，人们会因为努力而感受到快乐，更重要的是，用你的好奇心去探索这个世界，只有赋予生命意义，你眼中的世界才会变得多彩。

脱下虚荣的外衣，让自己变得更加聪慧、更加果敢。做一个诚实守信、敢作敢当的少年，不能傲慢无礼，更不能自私自利，学会将心比心，站在对方的立场上思考问题，任何人都不是宇宙的中心，你也是一样。

作为自己命运的掌舵手，亲爱的少年，请永远做最真实的自己。

擅于向他人分享你的快乐，并永怀一颗感恩的心。很多时候，你的举手之劳会解决对方的燃眉之急。你会发现，和锦上添花相比，雪中送炭更能使你成为一个“被需要”的人。你的善良，也会让你收获好的人缘。

不要虚度光阴，坚持做有意义的事情，在难题面前，不要轻易说“放弃”，要打起十二分精神，主动向困难发起挑战。但请记住，凡事都要给自己留一条后路，千万不要打肿脸充胖子，小心聪明反被聪明误，你的一切努力都会白费。

作为自己命运的掌舵手，亲爱的少年，请永远热爱这个世界。

不为当下的失意萎靡不振，更不为曾经的成就忘乎所以。要明白，更大的挑战和难题还在远方等着你！只有时刻保持一颗进取的心，才能乘风破浪千万里，在下一个波涛汹涌的地方扬帆起航。

守护梦想，让梦想的种子在心中生根发芽，并在前进的过程中，竭尽所能地让它茁壮成长。时间可以证明一切，它会告诉你，一切的努力都不会白费，你想要的，未来终究会给你。

热爱这个世界吧！

亲爱的少年，趁着青春未老，从当下开始，努力成就更加优秀的自己！相信你的明天一定会因为你今天的改变，而变得更加绚丽多姿！

# 目录
# Contents

## 第三章 小心，为人处世中的“七大禁区”



## 第四章 用纯真的心，去看待这个世界

第五章

## 活出自己喜欢的模样，真好



第六章

## 在有限的时间里，学会做对的事

# 内容简介

蒙安琪善于交际，热情开朗，因“漂流瓶”和失业青年张振阳结识，又因她的闺蜜白杨柳是补习班同学陈大坤的“超级偶像”，所以莫名其妙地多了一个小跟班。在交流中，她积极地引导张振阳重拾自信，又热情地帮助陈大坤提升个人形象，最终两个大男孩在蒙安琪的帮助下成为更好的自己。

# 第一章
# 亲爱的，你为什么总是闷闷不乐？

## 是生活击败了你，还是你自己击败了自己？

蒙安琪在海边捡到了一个漂流瓶，这件事情从始至终她没有告诉其他人。

当下，她将房门紧闭，一个人端端正正地坐在书桌前，愁眉不展。“我该怎么做？”蒙安琪边自言自语，边再一次展开了从漂流瓶中取出的信纸，只见信纸上工工整整地写了这样一段文字——

亲爱的陌生人：

你好。

我是一个一事无成，又面临失业的青年。我曾想要当一名糕点师，想让全世界的人都吃到我亲手制作的蛋糕，可命运和我开了一个大大的玩笑。就在我终于鼓足勇气，背井离乡前往城里拜师学艺时，我才发现，和别人相比，我是那么的渺小。

我身材矮小，只有高中学历，除了一腔热血，我对我所热爱的行业一无所知。没有人愿意收我为徒，就算我不要一分钱，蛋糕店的老板也因为我不小心得罪了一位客人，不留情面地把我开除了。

我知道，一切都是我不自量力，是我笨手笨脚。经过这件事，我变得自卑、懦弱。现在，我更不知道应该何去何从，我应该留在城里继续坚持我的梦想，还是放弃？我真的不知道，我真的很矛盾。

亲爱的陌生人，如果你看到了我的烦恼，还希望你不要嘲笑我的懦弱。我无法帮助我自己，还请你给我出一个主意，帮助我脱离苦海，谢谢。

除了这段文字，信纸的背面还附上了一个陌生的地址和姓名，蒙安琪念出声：“张振阳……”她顿了顿，嘀咕着：“我也只是一个十五岁的初中生而已，我怎么能帮助你处理这么大的难题呢？”然后，她一股脑地把信纸连同漂流瓶往抽屉里一塞，没了下文。

可蒙安琪是一个心思细腻的女孩，别看她平时热情开朗，做起事来雷厉风行，不像她的外表那么“淑女”，但是她经常会为一些小事牵肠挂肚。就好比现在，尽管吃着她最爱的草莓冰激凌，看着她最喜欢的综艺节目，她还是显得心不在焉，以至于融化了的冰激凌滴到了地板上，她都浑然不觉。

四点一刻。

“不行！”她猛地站起身，径直回到房间咔嚓一声将门反锁，并再一次将漂流瓶从抽屉中拿了出来。“我虽然只有十五岁，但是已经具备了明确的人生观，”说着，她哗啦一声撕下了一张白纸，“无论如何，我都要给他写一封回信。”

可是，写些什么呢？

蒙安琪用水性笔杵着下巴，想了半天也没有想出个所以然。她并不知道她为什么会在一瞬间做出这么疯狂的决定，她甚至不知道这个漂流瓶是不是一个恶作剧，她只知道，哪怕有一丝可能，她都要帮助这个叫张振阳的青年。于是，她在纸上写下了这样一句话——“是生活打败了你，还是你自己打败了自己？”

没错。

在蒙安琪的人生观里，没有什么难题是努力解决不了的，哪怕是天塌下来，也总有解决的方法。所以，无论张振阳说了多少个放弃的理由，在她的眼中都是逃避现实的借口。她认为，其实让张振阳萎靡不振的不是残酷的生活，而是他懦弱的心灵。

正是因为懦弱，他才一次一次地被现实击败；正是因为懦弱，他才找不到前进的方向，甚至忘记了自己的初衷。蒙安琪开门见山地写下了这句话，是因为她希望可以用最朴实无华的语言，给他敲响警钟。

写完这句话，她仿佛完成了一件大事一样，深吸了一口气，又没有了下文。

时间如水流逝，滴答滴答消失不见。

转眼间，时针已经指到了“5”的方向，可是，蒙安琪的信纸上依旧只有那一句话，思来想去，她最终决定听天由命——就这么着了！于是，她在信封上写好了地址，贴上了邮票，第一时间投入了小区门口的邮箱里，没想到，投信时蒙安琪被她的同学——白杨柳逮个正着。

“安琪！”白杨柳冲着蒙安琪打了声招呼，急急忙忙地穿过了人行道，跑到了她的身边，“你在这里做什么？”

“我……”蒙安琪看着眼前穿着背带短裤，身材格外高挑的白杨柳，顿时有些语塞，“没什么……”

“胡说，我明明看到你往邮箱里投寄了信件。”说着，她神秘地眨眨眼睛，“你不是告诉我，你和你的笔友一年前就断绝了书信来往了吗？”

“他不是我的笔友。”心直口快的蒙安琪下一秒就说漏了嘴，或许是意识到纸包不住火，她呼出一口气，将事情的来龙去脉一字一句地说给了白杨柳听。说罢，她还自嘲了一声："现在想一想，我还真是傻，说不定，这只是对方的一个恶作剧。"

"我倒是觉得，没有人会拿自己的梦想开玩笑。"说着，白杨柳把被风吹乱的头发别在了耳后，"而且我觉得，你回复的'是生活打败了你，还是你自己打败了自己'这句话非常给力，很值得深思。"

"真的？"蒙安琪有些受宠若惊，毕竟她知道白杨柳是一个完美主义者，相比于赞美别人，平日的她更喜欢挑剔别人，所以她的肯定，让蒙安琪瞬间多了一些自信，"你也这么认为，那真的太好了！我还在想，只回复对方一句话，有些不太礼貌呢！"

"虽然只有一句话，但这句话足以说明问题。"白杨柳歪着头，语气一本正经，"在我看来，悲观的人总是先被自己打败，再被生活打败；而乐观的人，是先战胜自己，再战胜生活。相比于乐观的人，悲观的人对痛苦更敏感，也更容易对生活绝望，殊不知，所谓的痛苦和绝望，并不是生活给予的，而是他们自己给自己带的枷锁。"说完这句话，白杨柳推推愣在原地的蒙安琪："你愣着干什么？我说的不对吗？"

"对、太对了。"蒙安琪后知后觉地拍了拍手，"如果早点遇见你，我一定会把你说的这一番话写在信纸上，顺便我还会写上'如果你认为自己失败了，那么你就真的失败了'，这样一来，就更有说服力了。"

没错，除了你自己，没有人可以把你击败。所以，悲观的人并不是败给了生活，而是败给了自己。只是不知道，远方的张振阳在收到蒙安琪的回信时，会不会悟透这个道理。

# 你不是小丑，不需要讨任何人的欢心

得知白杨柳专程跑到邮局，是为了取被遗忘的包裹，蒙安琪禁不住调侃她：“白杨柳啊白杨柳，你聪明一世，却偏偏被我抓住了把柄，难道你不知道邮局五点就关门了吗？现在已经五点十五分了。”

“我刚刚下课，”白杨柳耸耸肩，“没办法，只能明天再取了。”白杨柳的话音刚落，意想不到的事情发生了……

距离她们不到五米远的地方，一个穿着白色连衣裙的女生砰的一声倒在了路中央。性格使然，蒙安琪不管三七二十一地跑到了她的身边，将她搀扶起来，关心地问道：“喂！你没事吧！”

与此同时，白杨柳也跑到了人行横道上，向缓缓驶来的小轿车打了一个手势。见司机有意礼让，她急忙和蒙安琪一起，将女生扶到了路边，这才擦了擦额头上的汗珠，禁不住道：“还好车不多，要不然真是太危险了！”

“就是！”蒙安琪附和道，“如果被车撞到，那可是要出人命的！你也太不小心了！”

只是倚靠着电线杆瘫坐在地上的女生却毫不在意，只见她傻笑一声，摆了摆手，“没事，我还能喝……”

喝？

蒙安琪和白杨柳对视一眼，顿时明白了个中缘由。蒙安琪眉头一皱，撇了撇嘴：“拜托，不会喝酒就不要喝酒，一个女孩子，要懂得保护自己。”

“今天是我十八岁生日，过了今天，我就是真真正正的成年人了……”女生说着，做了一个呕吐的动作。只是转眼间，她又哭丧着脸，断断续续地道：“我……我也没有办法，我不想喝酒，可是他们非逼我喝酒，我都已经吐了好几次了……”

“你真是……”白杨柳不想再责怪女孩，干脆把想要说的话咽回了肚子里，“算了，你家住在哪里，时间还早，我们还是送你回家吧！把你一个人丢在这里，我们实在是不放心。”

谁知一听到“回家”这两个字，女生猛地抬起头。“不！我不能回家！要是……要是我的家人看到我这副狼狈不堪的样子，他们一定会气疯的！”说着，女生面有难色地指了指自己的胳膊，“况且……我酒精过敏，现在很不舒服……”

直至这时，蒙安琪和白杨柳才注意到她身上红一块白一块的皮肤，不知是不是因为瘙痒，有几处还被她尖锐的指甲挠破了。猛地，蒙安琪倒吸了一口凉气：“天啊，你为什么不直接去医院？”

“我……我迷迷糊糊，找不到路……”说罢，女生拍了拍胸脯，深吸了一口气，“我全身又痛又痒，胃里像火在燃烧，我觉得……我快死掉了……”

事不宜迟，蒙安琪和白杨柳把女生送到了医院，检查过后，医生对她进行了治疗，同时，还不悦地训斥了她一番：“明明知道自己酒精过敏，还喝那么多的酒，还好来得及时。”

女生禁不住红了脸：“对不起，我……我会注意的。”

医院的走廊里，女生闷闷不乐地倚靠在墙壁上，等着过敏的症状消退。蒙安琪递上了一瓶矿泉水，温声细语地道：“知错能改，善莫大焉，以后你只要不再喝酒，就不会出现同样的状况了。”

女生点点头，可是下一秒钟又摇了摇头：“你不知道，在某些场合，如果你不喝酒会显得格格不入，况且，我的那些好朋友都会喝酒，我算喝的最少的了。”

“你是你，你又不是他们。”听到这儿，蒙安琪止不住插言，“每个人的身体状况不一样，你没有必要为了迎合他人的喜好，做出伤害自己的事情。医生刚刚说过了，你的体质不适宜喝酒，你就不应该喝酒。”

“可是，如果我不喝酒，我的朋友会不高兴的，他们会说我不合群。”女生声若蚊蝇，一脸为难地说，“我不想因为这件事情失去朋友。”

“明知道你酒精过敏，还逼着你喝酒的人，在我的眼里，根本就谈不上是你的朋友。”说完这句话，白杨柳看向蒙安琪，“蒙安琪是我最好的朋友，但是我从来不会强求她做任何她不喜欢的事情，她也是一样，非常尊重我的意愿。”

“就是，”蒙安琪附和道，“我们从来不会刻意讨对方的欢心，正是因为对彼此的感情是自然而然的流露，所以我们从小学到现在都没有吵过一次架，”说着，蒙安琪拉起白杨柳的手：“这才是一辈子的好朋友呢！”

或许是觉得眼前的两个小女生说得有几分道理，女生羞愧地低下头，手也不停地搓着被泥土染脏的裙摆：“你们说得对，是我太优柔寡断，我不应该逞强，拿自己的身体开玩笑。”

目睹了女生态度的转变，蒙安琪冲着她竖起了大拇指：“你能够这么想，我太高兴了。”

“所以，下一次你的朋友们让你喝酒，你会怎么做呢？”白杨柳问道。

“我……”女生抿抿嘴，缓缓开口，“我会实事求是地说出我的身体状况，实在不行，我就把今天发生的一切讲给他们听，我想，他们不会为难我的。”

没错，真正的友谊是自然而然流露出的情感，绝对不是刻意创造出来的产物。所以，在与朋友相处时，不必为了迎合他人的喜好，做出伤害自己的事情。凡事都要量力而行，毕竟，在这个世界上，你也是独一无二的。

## 努力，向来都不是一件痛苦的事情

蒙安琪是一个勤奋好学的女生，即便是在难得的暑假，她还是给自己报了补习班，只不过她没有想到，在补习班里，她竟然遇到了一个古里古怪的男生，更让她难以接受的是，这个男生竟然莫名其妙地成了她的同桌。

“你好，我叫陈大坤。”陈大坤大大方方地伸出了一只手，或许是感受到了蒙安琪异样的目光，他又缩回了手，在衣服上擦了擦，“以后我们就是同桌了，请多多关照。”

“蒙安琪。”相比之下，蒙安琪的态度就显得冷漠得多，她仅仅是报出了自己的姓名，就没有了下文。

陈大坤来了兴致。“你好高冷啊！”说着，他仔细看了看蒙安琪的脸，“你和我小学同桌长得很像，她的额间也有一颗痣，只不过，她的眼睛没有你大，皮肤也没有你白，没有你漂亮。”

突兀的言语加上轻佻的口吻，让蒙安琪顿时皱起了眉头：“拜托，你来这里是为了学习，不是为了观察别人的长相，难道你不知道对别人品头论足是一件极其不礼貌的事情吗？”

“无所谓。”陈大坤耸耸肩，跷起了二郎腿，“反正我来这里又不是为了学习。”

“不是为了学习，那你来补习班为了什么？”蒙安琪禁不住问。

“为了‘清净’。”陈大坤大言不惭，“我的家人实在是太唠叨了，我只不过是在期末考试考了一个倒数第三名，他们就唠唠叨叨个没完。没办法，我只好顺了他们的意，参加补习班，至少耳根子清净一点儿。”

听了陈大坤的解释，蒙安琪只觉得气不打一处来：“你的家人唠唠叨叨是为了你好，谁让你自己不努力，考了倒数第三名！再说了，你学习也不是为了别人，是为了你自己，你知不知道！”

“我也想考第一名，可是，学习对我来说真的太难了，比登天都难。”陈大坤眨眨眼，漫不经心的样子似乎是在说着别人的事，“总而言之，我天生就不是学习的料。”

“想要走一百步，先要迈出第一步，谁生下来就会跑会跳？”蒙安琪不甘示弱，接着道，“你不要总是抱怨学习苦、学习难，在我看来，只要你不努力，干什么事情都难。因为困难就像一个纸老虎，你强它弱，你弱它就强。你的成绩不理想，都是你自作自受，怪不了任何人。”

听蒙安琪这么一说，陈大坤非但没生气，反而对她更加感兴趣了：“照你这么一说，你难不成是一个‘学霸’？‘学霸’为什么还要上补习班？这不是多此一举吗？”

“还好吧，这一次的期末考试，我的考试成绩也不是很理想，平时成绩最高的那一科，反而分数最低，才考了 132 分。”说罢，她甩了甩头。“全年级第七名而已，排名有所下降，还要继续努力。至于为什么还要上补习班……”她想了想，“学无止境，我可不想原地踏步。”

“132 分……”陈大坤掰了掰手指头，“我的数学成绩和英语成绩加起来，都没有132分……”随之，他露出了一副“崇拜脸”：“你可真厉害！如果你把你的分数借我一部分，我就不会不及格了，也不会挨家人骂了。”

面对陈大坤天马行空的想象，蒙安琪禁不住笑出了声：“拜托，答案是我一笔一画写出来的，成绩也是我自己考出来的，怎么可能借给你呢？再说了，一分耕耘一分收获，只要你肯努力，你也可以进步，至少及格是没有问题的。”

似乎是意识到话题又回到了原地，陈大坤无奈地拍了拍桌子道：“别总和我提‘努力’这个词，一听我就觉得累。”

“累？”蒙安琪大为不解，“努力从来不是一件辛苦的事情，为什么你会觉得累呢？”

“你是你，我是我，我们不一样。”陈大坤撇撇嘴，“反正我觉得累就对了。”

“依我看，是你的心态出现了问题。”蒙安琪执意要继续这个话题，“世界上最快乐的事情，莫过于为了理想而奋斗。任何事情，只要努力去做，你就会感受到快乐。”

“为什么？”陈大坤看着蒙安琪问道。

“因为你付出了，你得到的收获自然会让你感觉到快乐，那是属于你自己的胜利果实。”蒙安琪耐着性子解释道，“你该不会连这么通俗易懂的道理都不知道吧？你也太肤浅了。”

“你说的没错，我本来就是一个肤浅的人，”陈大坤并没有否认，“我妈也这么说。”

“你不能自暴自弃，你要转变态度，振作起来，用实际行动证明给你的家人看，你也能行！”蒙安琪为陈大坤加油打气，“虽然我并不了解你，但是我觉得，这个世界上没有任何事情是努力解决不了的，对任何一个人来说都是如此。”

“就像那首诗写的？”陈大坤忽然冒出一句，“宝剑锋从磨砺出，梅花香自苦寒来？”

“对！”蒙安琪点点头，“我曾把这句话写在我的记事本上。”只是话音刚落，她猛地啧了一声，“你不是不懂这些道理吗？”

“道理虽然懂得不多，但是我的语文成绩还不错，至少及格了。”陈大坤不好意思地挠了挠头，“除了语文课，剩下的学科我都不喜欢。”

“怪不得你只带了语文课本，”蒙安琪瞅了瞅陈大坤的书桌，“看来你并不是无药可救。”

“所以，以后还请你多多关照了。”

说完这句话，陈大坤再一次伸出了一只手，只不过这一次，蒙安琪犹豫了三秒钟后，选择了与之相握。这一刻，她眼中古怪的大男孩也没有那么的奇怪了，取而代之的是她对他的一丝好奇，她在想：他真的可以喜欢上学习吗?

## 人生苦短，自寻烦恼不如自得其乐

苏冉是蒙安琪的同班同学，她是一个内心极为敏感，总是不满于现状的女生。这一次，她也参加了暑假补习班，只不过不知道为什么，补习班开课的第一天，她就迟到了十五分钟，不但如此，她的精神状态也非常糟糕。

“真是烦透了！”刚一下课，苏冉就滔滔不绝地向蒙安琪抱怨道，“我从来都没有遇到过这么倒霉的一天。昨天，从早上六点钟开始，我家楼上的邻居就开始叮叮当当地搞装修，到了八点钟，楼下的车鸣声又响个不停，到了十二点钟，家里又停水停电，害得我只能用冷水冲泡面，到了晚上，我竟然失眠了，凌晨两点钟才睡着，导致今天早上迟到……”说着，她深叹一口气：“真是倒霉透了。”

可这话听到了蒙安琪的耳朵里，就变得没有那么夸张了：“还好吧，噪音是避免不了的事情，如果你忍受不了，就把门窗关紧，或是买一副耳塞。至于停水停电，那就更好解决了，借此时机到楼下的商场逛一逛，或是到图书馆打发时间，这都是不错的选择，至于失眠……”

“睡前喝一杯温牛奶可以安神助眠，还有美容养颜的功效，”不知什么时候，陈大坤坐到了座位上，加入了话题，“但是切记，睡前千万不能吃得太饱，或是饮用茶、咖啡等饮品，因为这类饮品中含有能够导致神经中枢产生兴奋作用的物质，对人快速进入睡眠状态不利。”

听到这儿，苏冉恍然大悟：“怪不得我昨晚睡不着觉，现在我才想起来，原来是我在睡前喝了一杯咖啡导致的！”只是话说到这儿，她才后知后觉地看向陈大坤，问道：“你是谁？你为什么要偷听我和蒙安琪说话？我又不认识你。”

“我没有偷听，我是光明正大地听，难道你说话，我还要把耳朵捂起来？”陈大坤没理也变得有理，“再说了，你说话那么大声，我想不听都难。”

似乎是担心正在气头上的苏冉和陈大坤发生不必要的口角，蒙安琪急忙赔着笑脸，做了介绍：“苏冉，他是我的同桌——陈大坤，他性格比较随意，说话比较直接，你千万别介意。”

“不但如此，还很喜欢插嘴，”苏冉撇撇嘴，嘀咕了一句，“可真没有礼貌。”

可陈大坤就像是没听见一样，非但没有住口，反而滔滔不绝地说个不停：“人生苦短，总不至于发生一点儿不愉快的事情就抱怨个不停，那样多没意思？你要向我学习，昨天我新买的兰博基尼汽车模型被前来串门的亲戚家的孩子摔坏了，我都没有生气，那可花了我五百块钱呢。”

“我最讨厌别人碰我的东西了。”话是这么说，可苏冉还想听下文，“然后呢？你没有把那个‘小鬼头’教训一顿吗？”

“事情已经成了定局，我能怎么办？”陈大坤耸耸肩，语气云淡风轻，“后来，我干脆找来了一把螺丝刀，把汽车模型的零件全部拆开，不看不知道，一看吓一跳，原来小小的汽车模型内部构造那么的复杂。”

“什么，你把汽车模型拆开了？”蒙安琪和苏冉异口同声。

“很奇怪吗？”陈大坤眨眨眼，不以为意地开口，“汽车模型已经坏了，我拆开或是不拆开，有什么关系呢？”

“那……那可花了你五百块钱呢！”蒙安琪只觉得有点儿心疼，“后来呢？你把拆开的汽车模型安装成功了吗？”

“我又不是专业人士，怎么可能把那么多的零件凭借记忆归位呢？”陈大坤回答道，“而且，我亲戚家的那个小孩特别贪玩，他见我把汽车模型拆开了，也跑过来凑热闹，还把好几个零件弄不见了。”

听到这儿，苏冉难以置信地摇了摇头，“真是太不可思议了，如果换成是我，我一定会疯掉的。”

“我倒是觉得无所谓，”陈大坤说，“既然已经无法安装回去了，那多一个零件和少一个零件，又有什么区别呢？”说到这儿，他看着苏冉：“能够解决的问题，我一定会第一时间去解决，但如果是不能够解决的问题，我也绝对不会因此而烦恼，这就是我的人生信条。”

“能够解决的问题，我一定会第一时间去解决，但如果是不能够解决的问题，我也绝对不会因此而烦恼……”苏冉重复着这句话，霎时眉头微蹙，“咦？我怎么觉得这句话是说给我听的？”

“我只是就事论事，不针对任何人，你可千万不要胡思乱想，对号入座。”陈大坤对答如流，“但是，我听到你因为一些鸡毛蒜皮的小事而闷闷不乐，确实觉得有些奇怪，因为我觉得，你所谓的烦恼都是自寻烦恼，根本就算不上真正的烦恼，你根本就不必为这些鸡毛蒜皮的小事而烦恼。”

不知是觉得陈大坤说得有几分道理，还是生气了，苏冉顿时闭口不言了。见况，蒙安琪急忙做了“和事佬”：“苏冉，你别往心里去，陈大坤也不是那个意思，他只是希望你放宽心，别因为一些小事而生气，气坏了自己不值得。”

“我怎么觉得，你们说的话是一个意思？”苏冉心直口快，口气中带有一丝不悦，“总而言之，你们两个人都认为我是自寻烦恼，就连上课迟到了被老师批评，都是咎由自取、自讨苦吃。”

“不不不，当然不是那个意思，”深知苏冉脾气秉性的蒙安琪急忙站起身子，拉住了她的胳膊，“你怎么会那么想呢？我们是关心你……”

可是，事情的发展大大出乎蒙安琪的预料。就在这个时候，陈大坤轻咳一声，凑热闹不嫌事大地道：“没错，你就是自寻烦恼、咎由自取，如果你懂得了什么是自得其乐，就不会那么幼稚了。”

“幼、幼稚？”苏冉喘着粗气，紧攥的拳头青筋暴出，“你再说一遍。”

“幼稚鬼！”

陈大坤不是好惹的，他不但说了，还冲着苏冉吐了吐舌头，做了一个鬼脸，气得苏冉直跳脚。好在即将冲突之际，上课的铃声响了，这才避免了一场“战争”。借此时机，蒙安琪压低了声音对陈大坤道：“你刚刚说的那些话，的确很令人恼火。”

陈大坤回答道：“但你能否认，我说的是错误的吗？如果她因为一些小事自寻烦恼，那么她永远都在抱怨，永远都不会感觉到快乐。”

“我……”蒙安琪努努嘴，陷入了沉思。

## 都是“想太多”惹的祸

无缘无故被一个陌生的男生教训了一番，苏冉的心情怎么也好不起来。下课以后，她还是禁不住和蒙安琪抱怨：“你那个新同桌也太骄傲自大了，仗着比我长得高，就对我指手画脚个不停，真是过分！”

“倒也没有那么夸张吧？他只是表达自己的观点而已……”蒙安琪赔着笑，随后把视线移至远方，同时转移了话题，“听说今天百货商场周年庆，有大型的抽奖活动呢！要不要去凑凑热闹？”

“真的？”苏冉瞬间来了兴致，“走，我们去看看。”

此时正是烈日当空，太阳光直射到大地上，使得室外像是火炉一般。可即使是这么恶劣的天气，百货商场门口依旧人声鼎沸，前来参与抽奖活动的人里三层外三层地将临时搭建的舞台围得水泄不通。

苏冉急忙裹紧了身上的防晒衣：“安琪，估计轮到我们两个人抽奖时，我们早已经被晒成‘黑炭头’了……”

就在这时，排在蒙安琪和苏冉前面的一男一女发生了争执，女人对着男人说："你又不会开车，就算工作人员帮你把车开回了家，也只能成为摆设。与之相比，还不如要一台液晶电视，正好把家里坏掉的电视换掉。"

"说你傻，你还真傻，特等奖你不要，偏偏要一个一等奖，好赖不分！"男人不甘示弱，双手盘在胸前，口气咄咄逼人，"听我的，要车！"

"你不会开车！"女人又重复了一遍，"我们全家人都不会开车！就算是去学车，也来不及！我不管，我就要液晶电视。"

"液晶电视根本就不值钱！"男人一肚子火没地方撒，干脆把头扭到一边冷哼一声，"我是一家之主，听我的！"

此情此景，让蒙安琪和苏冉相视一笑。离开了队伍后，苏冉对着蒙安琪道："刚刚那两个人，让我想起了因为买骡子而争吵不休的那对夫妻，丈夫要买公骡子，妻子要买母骡子，而他们的孩子却争着要骑母骡子生下的小骡子。殊不知，骡子根本就没有生育功能。"说到这儿，她哈哈一笑："真的是太搞笑了。"

"是啊，"蒙安琪应和道，"刚刚那两个人的确有点儿想太多，参与抽奖的人那么多，而特等奖和一等奖一共就三个名额，他们怎么就那么有把握会轻而易举地中奖呢？更可笑的是，他们竟然为了还没有发生的事情大动肝火，真是不值得。"只是说到这儿，她不好意思地低下了头："不过，我也有因为想太多而闹出笑话的糗事。"

苏冉是一个"八卦少女"，听到蒙安琪有不为人知的糗事，她猛地停下了脚步："什么事？你快说来听听！"

蒙安琪道："这件事情发生在我上小学的时候……"

那一年，蒙安琪刚满十岁，还没有现在这么成熟懂事。有一次，她随表哥一起到电影院看电影，那是她第一次看4D电影，当时，她的表哥为了逗她开心，和她开了一个玩笑。表哥告诉她，电影中的一切事物，都有可能从屏幕中“跑”出来。

起初，蒙安琪是半信半疑的，但当电影开始的那一刻，她惊奇地发现，屏幕中的一切都变成了立体效果，她就信以为真了。于是，整整两个半小时，她都在恐惧和惊慌中度过。每到关键时刻，她都紧紧地闭上眼睛，甚至大叫出声，给周围的人带来了很多困扰，但直到电影结束，也没有任何东西从屏幕中“跳”出来。

讲完了这个故事，蒙安琪羞愧地道：“现在想一想，当时的自己可真是幼稚，电影中虚构的怎么会从荧幕中‘跳’出来呢！恐怕，全世界只有我一个人会相信这种鬼话了吧。”

听到这儿，苏冉禁不住笑出了声，说：“没想到，向来小心谨慎的你竟然还闹出过这种笑话，看来，以后无论做什么事情，都不要随便听信别人的话，一定要在冷静思考之后得出结论，否则，很有可能会胡思乱想。”

“没错，我也意识到了这一点。”蒙安琪转头看着苏冉说，“难道你没有因为想太多而闹出笑话的故事吗？”

“我？”苏冉想了想，“我曾在这一次的暑假前做了一个旅游计划，杭州、三亚、西安、广州都在我的旅游计划内，为了不让出行留下遗憾，我在网上查阅了大量的攻略，并用一周的时间制作了四份旅行手册，我想哪怕只去一个城市，都是一份美好的回忆。殊不知当我兴致勃勃地将旅行手册拿给我的妈妈时，妈妈竟然告诉我，我的假期旅行就是参加各种各样的补习班。你不知道，当时我有多沮丧。”

“所以，你也是一个小迷糊。”蒙安琪拍了拍手，“咱们就是半斤八两，谁也别笑谁。”

没错，在事情没有确定之前，无论好的还是坏的猜想，都是“想太多”。而你的胡思乱想，只会浪费你的时间和精力，甚至让简单的问题复杂化。其实，生活非常简单，并没有你想象中那么复杂，不是吗？

## 其实，你比你想象中勇敢很多

最近也不知道怎么了，苏冉所在的小区经常停电。这不，太阳才刚刚落山，苏冉的家里又停电了，这可吓坏了因父母加班独自一个人在家的苏冉。她摸着黑，含着泪给蒙安琪打了一通电话：“亲爱的，快来救救我吧，我家里停电，邻居史茜又出了远门，我一个人在家很害怕……”

电话的那头，蒙安琪才刚刚吃过晚餐，听苏冉哭哭啼啼的样子不像是在开玩笑，她边打着饱嗝，边出了一个主意：“要不你来我家吧，我家里有电，你给你家里人打一通电话就好了，我让我妈给你准备晚饭。”

“我不！”苏冉就像是受了天大的委屈一样，哇的一声哭了出来，“现在整栋楼都是黑的，我是不可能摸着黑从四楼走下去的，我害怕。”

“怕什么？”蒙安琪大为不解，“这个世界上又没有鬼。”

殊不知就是这句话，让苏冉浑身的鸡皮疙瘩都立了起来。“我……我前些日才看了几部恐怖片，我怕……我怕……”她吸了吸鼻子，猛地甩了甩头，“总而言之，你必须尽快赶过来，否则，我真的会被吓死……”

伴着无奈的叹息，蒙安琪只好收拾好东西，来到了苏冉家的楼下。苏冉并没有说谎，此时此刻，整个小区都黑成了一片，看不到一丝光亮，偶尔有几缕烛光映在窗上，但飘忽的光亮看上去确实有些瘆人。

可蒙安琪是一个唯物主义者，她不信邪，更不信那些子虚乌有的妖魔鬼怪。她打开手电筒，鼓足勇气踏上了楼梯，也就不到两分钟的工夫，就来到了苏冉家门口。嘭嘭两声，她敲响了房门。

与此同时，等候多时的苏冉就像是见到了救星一样，一把将门打开，紧紧地将蒙安琪抱在了怀里。直至她看到蒙安琪拎着大包小包，这才破涕为笑，小声问道："亲爱的，你怎么带了这么多东西，我家什么都不缺。"

"我妈担心你害怕，于是把家里所有的蜡烛和照明工具都装到了袋子里，让我带了过来。"说着，蒙安琪将沉甸甸的袋子放在了地板上，又将手中的手电筒递给了苏冉，"难道你们家连一个手电筒都找不到吗？"

"手电筒在书房里，"苏冉心有余悸地道，"平时书房的门都是锁着的，我尝试了好几次，都没有胆量将门打开，我只敢站在窗口，因为只有那里有一点点的月光……"

"唉……你的胆子也太小了……"蒙安琪无奈地叹了一口气，"我搞不懂你究竟在怕什么，换成是我，我绝对不会像你这样因为停电而大惊小怪。"说着，她拿出几支蜡烛，并将其点燃，霎时，黑暗被光亮所驱散。

蜡烛舞动的光芒，就像冉冉升起的太阳，让苏冉的整颗心都变得明亮起来。她呼出一口气："终于解脱了，我觉得我活过来了。"

“你啊，其实就是自己吓自己，”说着，蒙安琪指了指书房的方向，“现在，你可以大胆地打开房门，找出你的手电筒吗？我可告诉你，我只有这么一个手电筒，如果手电筒没电了，我们去哪儿都不方便。”

殊不知刚刚还声称自己“活过来了”的苏冉，一秒钟又变回了缩头乌龟：“客厅虽然亮了起来，但是书房还是黑乎乎的一片，我害怕。”

“可是，你的手里有手电筒。再说了，只要你打开书房的门，客厅的光亮就会照射到书房里，书房并没有你想象中那么黑暗。”说着，恨铁不成钢的蒙安琪干脆推了苏冉一把，“这件事情，我可帮不了你，你只能靠自己。”

一半是碍于面子，一半是真的担心蒙安琪带来的手电筒会没电，苏冉缩手缩脚地来到了书房门前，可即使她做足了心理准备，心里还是七上八下的，心脏像是打鼓一般咚咚咚急促地跳个不停。开，还是不开？她依旧在做着心理斗争，最后，不知道是哪里来的勇气，她一咬牙一跺脚，猛地将门打开，霎时，光亮填满了整个书房。

卧室里，蒙安琪打着哈欠，对着坐在床边不敢去卫生间洗漱的苏冉道：“难道你忘记了我刚刚和你说过的话吗？黑暗并不可怕，其实都是你自己在吓自己。再说了，卫生间就像书房一样，只要你将门推开，烛光就会照射进去，你怕什么？”

“我……我知道了。”说着，苏冉战战兢兢地站起身，她的步伐看起来有些僵硬，但却没有了起初的犹豫。就在这一个瞬间，她似乎成长了很多，至少，她不会再因为黑暗而哭哭啼啼了。

这个晚上，夜色格外的浓重。远处有霓虹灯闪烁，像极了挂在天边闪闪发光的星星。沉默了许久，只听苏冉对着蒙安琪道："今天……真是谢谢你了，没有你，我真的不知道怎么办。"

"没关系，谁让我是你的好朋友呢，只是……"蒙安琪拉长了尾音，不知这句话当讲还是不当讲，"只是我希望你可以勇敢一点儿，下一次再遇到类似的问题时，不要自己吓自己，就好比现在，其实有没有光亮并不会改变什么，你之所以害怕，是你的内心在作怪。"

这一次，苏冉没有再狡辩，反而，她暗自鼓起了勇气，她对自己说，我一定要克服内心的胆怯，战胜黑暗。

## 学会爱自己，别人才会珍惜你

还记得那个名叫张振阳的青年吗？

他是从小生活在大山里的孩子，为了追求梦想，他只身一人来到了城市，满怀希望地拜师学艺。可是，现实往往是那么的残酷。尽管在跌倒后一次又一次地爬起，他还是找不到出路，最终丧失了信心，自甘堕落。

或许是因为缘分，当蒙安琪从漂流瓶中知道了这一切时，她再三犹豫之后，还是决定给他写一封回信。然而这封回信就像是一颗流星坠入了茫茫大海，从此没有了回音。可就当她已经彻底将这件事情抛在脑后时，一封神秘的回信送到了她的手上。

周六的下午，蒙安琪安静地坐在客厅里，看着手上署名为张振阳的回信有些不知所措。"是真的？"她自言自语，"真的是真的……"事不宜迟，她小心翼翼地拆开了信封，映入眼帘的是一行行清秀而又熟悉的字迹。

蒙安琪同学：

你好。

很高兴收到了你的回信，你的那一句“是生活打败了你，还是你自己打败了自己？”真的是一语惊醒梦中人，让我获益匪浅。直至今日，这句话一直在我的脑海中回响，并且，我已经找到了答案。

我想，并不是生活打败了我，而是我自己打败了自己。

从小，我就因为家境的贫寒而自卑。在没有来到城市之前，我不知道什么是游泳馆，什么是电影院，我甚至没有看过高楼大厦。所以尽管我做了自认为充足的心理准备，但当我来到一个崭新丰富的世界时，我还是会因为未知而感觉到无助。

起初，我对周围的一切感到新奇，但是后来，我发现我和周围的人群格格不入，尤其是和从小生活在城市里的人相比，他们的学历和阅历既让我羡慕，又让我变得更加自卑。为了讨好他们，我不惜卑躬屈膝，为他们“跑腿”，做一些我自己并不愿意做的事情。可尽管如此，我还是交不到一个知心朋友。

我想，这一切或许是天生注定，无法改变的。我无法改变我的出身，无法改变我的学历和阅历。我只能在夹缝中生存，周而复始，我的信念渐渐崩塌……

但是，我现在有了你，我可以把烦恼倾诉给你听。亲爱的朋友，请允许我这么唐突地称呼你，你知道吗？现在，你就是我心中的那一束光，虽然远在天涯海角，但是你的那句话，重新让我拾起了信心。我想，是我错了。

最后，再一次向你表达真挚的感谢和祝福。

失意人：张振阳

看完了这封回信，蒙安琪再一次陷入了沉思。其实，从始至终她都对这件事情的真伪有所怀疑，但是现在，她已经完完全全放下内心的疑虑，并相信这个世界上真的有一个名叫张振阳的青年需要她的帮助。这一瞬间，她既有些动容，又有些伤感。

没有丝毫犹豫，蒙安琪径直走进了卧室，从抽屉中抽出一张信纸。和上一次的不知该说什么相比，这一次她竟文思泉涌，笔尖在信纸上摩擦的沙沙声，也变得娓娓动听起来……

张振阳：

你好。

我很荣幸可以倾听你的烦恼。但请原谅我的失礼，因为我是一个心直口快的人。我同情你的遭遇，也可以理解你因为出身的不同而形成的自卑感，但是我不能理解你为了交朋友，获得他人的喜欢而对他人卑躬屈膝的行为。

我认为，无论在何时何地，做人一定要自尊、自爱。因为尊重是相互的，你如果连自己都不尊重，还如何奢求别人尊重你？你不自爱的行为，只会让自己成为别人的笑柄。所以，我建议你在学会如何让别人珍惜你之前，先学会爱自己。

把自卑的心态转化为动力，当你意识到自身与他人之间的差距时，就应该更加努力，丰富自己的阅历，多读书，多学习。即便你是一个成年人，如果你想，你依然可以通过自学提高自己的学历，同时，让自己的生活充实起来。

不必在意他人的看法，做自己认为对的事情，当你从内而外地改变自己，让自己变得强大时，你会自然而然地散发出属于你的魅力。这种魅力会吸引他人的注意，让你在不知不觉间获得他人的欣赏，收获志同道合的朋友。

所以，我希望你不再做一个“小丑”，而是做一个自尊、自爱的人，学会爱自己，比什么都重要。

希望你变得更好的：蒙安琪

洋洋洒洒地写了一整页，蒙安琪这才如释重负地松了一口气，将信纸放入了信封。此时，窗外正是夕阳西下的画面，金色的天空飘着染上橙红色的云朵，不远的地方，几只麻雀落在枝头，叽叽喳喳地叫个不停。一切都是那么的美好。

# 第二章
# 从内到外，散发属于你的独特魅力

## 如果你对镜子里的自己不满意，不如去换个发型

这天在补习班，陈大坤无意中在蒙安琪的笔袋中发现了她和白杨柳亲昵的合照，他就像是发现新大陆一样惊叫了一声：“天啊！你竟然认识白杨柳！”

“你也认识白杨柳？”蒙安琪放下手中的教科书，转过头看向一脸惊诧的陈大坤，“我认识白杨柳，有那么奇怪吗？”

“不奇怪，不奇怪……”陈大坤深吸了一口气，极力控制着内心的雀跃，“你有所不知，白杨柳是我的偶像，我每个周末都会准时守在电视机旁看她主持的节目，我真的非常喜欢她。”

“喜、喜欢？”蒙安琪眉梢轻挑，似乎听到了什么不该听的秘密一样。

“不不不，我的意思是……欣赏！我非常欣赏她！”陈大坤有些语无伦次，“不但如此，我的妹妹也非常喜欢她，只是我做梦都没有想到，我身边竟然有人认识她，真的是太不可思议了……”

陈大坤没有夸大其词。其实，白杨柳原本就是一个家喻户晓的“小明星”，在她三岁半的时候，她就参与了电视剧的拍摄，刚满六岁就加入了当地的电视台，成了电视台少儿频道年纪最小的特邀主持人。直至现在，她已经累积了十几万的粉丝，是不少青少年心中的偶像。

见陈大坤一脸的“花痴”相，蒙安琪得意地抬起头：“我

和白杨柳不仅认识，我们还是最好的朋友，她经常邀请我去她的家中做客，我还去过电视台陪她一起工作。怎么样，羡慕吗？”

“羡慕！”陈大坤点点头，小眼睛里完全没有了往日的锐气与洒脱，“蒙安琪，你帮我一个忙，我可以和白杨柳做朋友吗？”

“做朋友？”蒙安琪一愣，“拜托，这也太唐突了……”

“我是真心的！哪怕……哪怕和她见一面也好，我想要她的签名，我还想和她合影，我有很多的话想要和她说！”说着，陈大坤双手合十，做出了恳求的姿态，“求求你，帮帮我吧！”

“这……”蒙安琪看起来有些为难，“这是你们两个人之间的事情，我可做不了主，但有一点我敢肯定，即使我安排你和她见面，她也不会喜欢你的。”

“为、为什么？”陈大坤眨了眨眼，一脸的无辜，“我是真的很喜欢她，想要和她做朋友，我没有任何恶意。”

“因为我了解白杨柳，她有非常严重的洁癖，平时最讨厌邋里邋遢的男生……”蒙安琪直言。说罢，她瞅了瞅陈大坤被刘海挡住的半边眼睛：“而你，看起来一点儿都不干净利落，尤其是你的头发，像是一堆稻草，她一定不会喜欢的。”

“那、那我该怎么办……”陈大坤掀起自己的刘海，使劲往后拨了拨，“我本来就不帅气，所以一直以来都不太注意自己的形象，我已经习惯了自己这副样子。”

“难道你没有听说过‘三分长相，七分打扮’吗？”蒙安琪开门见山，没有丝毫的避讳，“你看那些影视明星，其实，他们或多或少也都有一些瑕疵。但是他们懂得装扮自己，懂得巧妙地掩饰自己的不足，比如他们会用遮瑕产品掩饰脸上小小的雀斑，会涂厚厚的睫毛膏让自己的眼睛显得更加有神……这些都是让自己变得更加完美的方法。”

“我又不是女生，”陈大坤撇撇嘴，“我才不要化妆呢！”

“我不是那个意思，”蒙安琪苦笑了一声，“我的意思是说，任何人都可以通过装扮让自己变得更加美好。对于男生来说也是如此，很多时候，只要换一身装扮、换一个发型，这个人就会变得不一样。”

“所以，我现在要做的，是换一个发型？”陈大坤后知后觉。

“把头发修短，至少可以让自己看起来干净利落一点儿。”蒙安琪道，“白杨柳喜欢干净利落的朋友。”

陈大坤不再反驳。毕竟，白杨柳在他的心中是偶像级别的人物，如能与她相见，别说是剪头发了，让他做任何事情他都会毫不犹豫地答应。只是，他并不知道，他所有的改变，并不是为了白杨柳，而是为了他自己。

就如同蒙安琪所说，没有人喜欢邋里邋遢的朋友，即使相貌平凡，也不能放弃对自己的形象管理。作为一名青少年，也要时刻注意自己的形象，及时修剪自己的头发、指甲，保持干净整洁，这样才能获得更多人的喜爱。

当天晚上，陈大坤就来到了理发店，对着理发师道：“我要修剪一个干净利落的发型。”于是不出三分钟的工夫，他原本乱糟糟的头发被修剪成了简单而又利落的毛寸头，没有了长刘海的遮挡，镜子前的他整个人都变得精神多了。与此同时，他的心情也变得豁然开朗。他想，蒙安琪说得真没错，很多时候，一个小小的改变，就可以影响一个人的气质，让人离完美越来越近。

## 大家都穿校服，为什么只有你邋里邋遢？

陈大坤将头发剪短后，就像是变了一个人一样，就连走路的步伐都变得坚定了许多。蒙安琪发现，其实陈大坤除了黑了一点儿，脸上有几颗青春痘之外，五官还算标准，根本就没有他自己所说的那么难看。

这天早上，陈大坤迫不及待地对着蒙安琪道：“你看，我已经听从你的建议，换了一个新发型。现在，你可以遵守承诺，带我去见白杨柳了吗？”

殊不知蒙安琪不以为然地摆摆手，口气云淡风轻：“别着急，还不是时候。”

“还、还不是时候？”陈大坤愣了愣神，顿时有了一种上当受骗的感觉，“蒙安琪，昨天你可不是这么说的！”

“没错，我是和你说过，让你改变自己的形象。可是，我并没有向你保证，一定会带你去见白杨柳。更何况，你的个人形象管理还没有及格呢……”说着，她把视线移至陈大坤沾有污渍的衣领上，“如果我没记错，这身校服你已经穿了好几天了。”

“穿校服怎么了？难道你们学校不需要穿校服？”陈大坤眉头一蹙，口气明显冷漠了许多，“不想把我介绍给白杨柳就直说，没有必要拐弯抹角，对我处处挑剔。大不了，我不求你了。”

“我并不是说穿校服不对。我是想要提醒你，你的校服已经脏了。”蒙安琪耐着性子解释道，“你瞧瞧你的衣领，再看看你的袖口，乍看之下都是污渍。想想看，一个爱干净的女孩子，会喜欢你这身装扮吗？”

不看不知道，一看吓一跳，如不是蒙安琪的提醒，陈大坤还真就没注意到自己的校服这么脏。他露出了一副窘态说：“对不起啊，是我错怪你了，我还以为你想要反悔，阻止我和我的偶像见面呢！”

“我是在帮你。”蒙安琪苦口婆心地说，“穿什么不重要，重要的是一定要干净整洁、大方得体，哪怕是穿旧校服，也要像穿新衣服一样的爱护，只有勤洗、勤换，才不会给人邋里邋遢的感觉。”说着，她神秘兮兮地凑到了陈大坤的面前，压低了声音道，“我猜，你一定不会每天都洗澡吧？”

“啊？不会……”陈大坤霎时红了脸，急忙转移了话题，“你问这个做什么？”

“没什么，我只是想要了解你的个人卫生习惯。”蒙安琪撇撇嘴，“不过结果显而易见——你根本就不注意自己的个人卫生。所以，我建议你除了在穿衣打扮上做出改变，也要加强对个人卫生的管理。适时理发，修剪指甲，早晚刷牙，饭后漱口，每日洗澡，并时刻保持手部的干净卫生。”

听到这儿，陈大坤只觉得有些不耐烦：“这么多讲究，太麻烦了……”

“麻烦？”蒙安琪似乎听到了一个笑话，“拜托，这是一个普通人每天都要做的事情，怎么会麻烦呢？更何况，保证个人卫生受益者不是别人，而是我们自己！要知道，不良的卫生习惯不仅会给自己和他人带来不便，还会影响身体的健康。”说到这儿，她想起一件事：“就拿我那个爱吃糖的表弟举例，他就是不注意自己的口腔卫生。所以现在一口的蛀牙，前几天还因为牙疼去医院了呢！”

提到蛀牙，陈大坤摸了摸自己的腮帮子：“我也有两颗蛀牙，医生说要拔掉。”

“早知今日，何必当初？”蒙安琪苦口婆心地劝道，“好在你只有两颗蛀牙，现在开始养成良好的卫生习惯还不算太晚。等到你像我的表弟那样满口都是蛀牙才知道后悔，哭也来不及了。”

蒙安琪动之以情，晓之以理，顿时让陈大坤哑口无言。是啊，养成良好的个人卫生习惯为的不是别人，而是自己，这么浅显易懂的道理他为什么就不明白呢？好在蒙安琪的提醒，让他渐渐认识到了自身的不足，不再固执己见了。

似乎是意识到了陈大坤态度上的改变，蒙安琪趁热打铁，继续道：“还有，你还要对自己进行卫生礼仪的管理，不随地吐痰，不乱扔杂物，不正对着别人擦鼻涕、挖鼻孔、剔牙齿，咳嗽、打喷嚏、打哈欠时，要用手掩住口鼻，并倾向一边，避免发出大的声音。吃饭时，尽可能用公共筷夹菜，并把骨、刺和难以吞咽的食物放在骨碟或餐巾纸中，不可吐到地面……”一口气说了这么多，蒙安琪深吸一口气，看着陈大坤，问道：“这些你可以做到吗？”

“可、可以，”陈大坤眨眨眼，“只要能够看到我的偶像，让我做任何事情都在所不辞。”

“所以，你接下来应该怎么做？”蒙安琪又问。

“我……”陈大坤左看看右看看，急忙俯下身子捡起了地上的纸屑，“从今天开始，我保证不随地乱扔垃圾了。”

“还有呢？”蒙安琪看向陈大坤脏兮兮的手。

“剪指甲，”陈大坤尴尬地把手塞到了口袋里，接着傻笑一声，“校服脏了，那明天就换一身衣服，换一身干净的衣服就好了。”

“这还差不多。”蒙安琪点点头，慢条斯理地道，“看在你有信心改变自己的份上，我会帮你联系白杨柳的。但是，最终你们会不会见面，还是要看你以后的表现。如果你还是邋邋遢遢的，不注意个人卫生和卫生礼仪，就不要怪我不通情理了。”

听到这儿，陈大坤坐直了身子：“你放心，我一定不会让你失望的！”

## “记性不好”不是借口，“懒”才是

蒙安琪的小区门口有一间名为“拾光”的花店。花店老板的女儿丁巧巧，今年刚二十一岁，她性格直爽，做起事来有条不紊，年纪轻轻就学会了插花。所以每到寒暑假，她都替家人掌管这间花店，今年也不例外。

这天傍晚，蒙安琪刚好路过花店，她见丁巧巧一个人站在门口生闷气，便小心翼翼地问道：“巧巧姐，你没事吧？”

“没事。”见来者是蒙安琪，丁巧巧即刻露出了笑颜，只是转瞬间，她禁不住抱怨道，“都怪那个笨手笨脚的店员高远，每一次交代给他的任务他都完成不了。这不，因为他的失误，今天晚上我又要熬个通宵了。”

说曹操曹操到。戴着黑色围裙，身材瘦高的高远抱着一大束鲜花气喘吁吁地走了进来。与此同时，物流公司的几个小伙子陆陆续续地将剩下的鲜花搬到了花店里。经过盘点，整整有一百斤的玫瑰花。

看着小小的一间花店很快被满地的玫瑰花填满，蒙安琪惊讶到合不拢嘴。“什、什么情况？”她看向丁巧巧，“难道你又接了大生意？”

“隔壁街的咖啡厅后天开业，向我们订了五十个花篮，”说罢，她看向那个一口气灌下半瓶矿泉水的高远，“用一整天的时间制作五十个花篮对我来说时间是绰绰有余的，但我没有想到，他今天早上竟然忘记去取货了，直到刚刚我来到店里，发现花店里根本就没有玫瑰花，他才想起这件事情。”

见丁巧巧气不打一处来，蒙安琪只好笑着宽慰道：“算了算了，人有失手，马有失蹄，人总有粗心大意的时候。再说了，花不是好端端地在这里吗？只要赶得上后天交差，就好了。”

“如果他没有忘记取货，并利用白天的时间处理好玫瑰花上的刺，事情就会像你说的那么简单。但是现在，我必须要花一晚上的时间留在花店里处理花刺，直到明天晚上都不能休息。”丁巧巧深吸一口气，“况且，他粗心大意已经不是一次两次了，前天他还因为包错了花，遭到了客人的投诉。”

“花为什么会包错呢？”蒙安琪大为不解。

提起这件事，丁巧巧更加生气了：“我曾告诉过他，当客人订花时，一定要在备忘录上写清楚订花、送花的时间以及客人的喜好，可他就是不听。前天那个客人，她说她想要一束蓝色妖姬，可是他记错了，送了一束白玫瑰，当时客人就给我打了投诉电话。没办法，我又重新包了一束蓝色妖姬送了过去。”她抿抿嘴，不悦地继续说道：“他总说自己记性不好，其实，就是懒！”

说话这工夫，高远已经拆开了一束红玫瑰的包装，或许是意识到丁巧巧还在气头上，只听他小心翼翼地道：“老板，这件事情是我的错，我不应该忘记取货，把所有事情堆到晚上来做。要不，我一个人留下来处理这些花刺吧。”

“你让我还怎么相信你？”丁巧巧心直口快，说起话来咄咄逼人。“如果你又因为心不在焉忘东忘西的，等到了明天，我岂不是还得熬一个通宵？”说着，她转身戴上了手套，“众人拾柴火焰高，还是我们一起吧。”

面对丁巧巧的刀子嘴豆腐心，蒙安琪早就习以为常了。她也跃跃欲试地拿起了剪刀，对着她道：“巧巧姐，反正我闲着也是闲着，我可以帮你。”

“你？”丁巧巧看了看蒙安琪纤细的小手和细腻的皮肤，“玫瑰花上的刺可是很锐利的，尤其是红玫瑰上的刺，一个不小心就会戳破手指，”她指了指货架后方，说：“如果你想要帮我，就帮我从冰箱里拿几瓶矿泉水吧。”

“好嘞！”

话音刚落，蒙安琪就走到了冰箱前，可是她左找右找，也没有在冰箱中找到丁巧巧想要的矿泉水。即刻，她转过身子大声道：“巧巧姐，冰箱里根本就没有矿泉水，你确定矿泉水被你放到了这个地方吗？”

霎时，只见高远猛地一拍脑袋：“完了！我忘了！”

“你又忘记让人送矿泉水过来了？”丁巧巧停下了手中的动作，语气中透出一丝无奈，“拜托，这点小事你竟然也能够忘记，不就是打一个电话吗？”

“对、对不起。”高远努努嘴，自知理亏地低下了头，“我当时想着等一会儿再打电话也来得及，可是，一会儿过后，我就忘记了。”

此情此景，被蒙安琪全部看在了眼里，不知道哪里来的冲动，只见她上前一步，对着高远说：“你做事情总是拖拖拉拉，所以才会忘东忘西。如果你勤快一点儿，能够立即去做当下应该做的事情，就不会出现这些问题了。”说完这些话，她顿了顿，又说：“虽然你比我大几岁，但是为了巧巧姐，我不得不这样说。”

“你说得没错，”丁巧巧赞同地点点头，并转眼看向低头不语的高远，“你的问题并不在于记性不好，而是在于懒，你总是把这一分钟的事情拖到下一分钟，把今天的事情拖到明天，恶性循环，最后事情堆成山，连你自己都不记得哪些是重要的事情，哪些是不重要的事情了。如果事情一定要做，为什么要拖呢？为什么不在当下就完成呢？”

丁巧巧的话语就像是玫瑰花上的刺一样扎进了高远的心里，让他无地自容。沉默了半晌，他抬起头来：“老板，对不起，我知道是我的问题，以后我一定会注意，改正懒惰的毛病。”

“知错能改，善莫大焉。”丁巧巧拍了拍手，“真希望这是我最后一次为你熬夜。”

“一定是最后一次，”说着，高远拿起了电话，按下了通话键，“喂？老板，帮我拿一箱矿泉水……”

意识到自己成了“多余人”，蒙安琪也不再多言。她走出花店，抬头看向天空，清风阵阵，带来了一丝凉意。她想，她一定要做一个勤快的人，否则，她就会像高远一样，给人带来无尽的麻烦……

## 不要奢求会有人帮你做分内的事

无独有偶，高远刚因为“懒得取货”熬了一个晚上，陈大坤也因为“懒得写作业”陷入了苦恼之中。

这天一大早，陈大坤就像是一只摇尾乞怜的哈巴狗一样，对着蒙安琪连哄带骗地道：“求求你，你帮我写十页数学作业，我可以答应你任何要求，日月为证，天地可鉴，我说话绝对算数！”

“那好。”殊不知蒙安琪连想都没想就一口答应，“任何要求都可以吗？”

“对！”陈大坤喜形于色，即刻从背包里拿出一本崭新的数学练习册，“任何要求都可以，只要不是太过分。”

蒙安琪抬起眼，眼睛一眨不眨地看着陈大坤：“我的要求很简单，从今天开始，不要在我的面前提到‘白杨柳’的名字，并且，取消你和她的见面。”

“你、你是故意的！”陈大坤的脸立刻由晴转阴，“你明明知道白杨柳是我的偶像，并且为了见她一面，我已经‘改头换面’，做出了很大的改变。不行，我不答应！”

“可是，现在的你，正在做白杨柳讨厌的事情。”蒙安琪一字一顿，没有丝毫的犹豫。“你知道白杨柳的座右铭是什么吗？是‘做好分内的事，不给任何人添麻烦’。”她努了努嘴，“你现在是把原本你要做的事情推给我来做，你老实交代，除了我之外，你还求过谁帮你写作业？”

“我的几个朋友……”陈大坤一不留神就说漏了嘴。猛地，他跺了跺脚，说：“拜托，这不是关键，关键是后天就是召集日了，我的作业连一个字都没有动过，就算是我长了三头六臂，我也不可能在两天的时间内补完，我死定了！”

“你的作业有没有完成，和我有关系吗？”蒙安琪认真地说，“无论好与不好、对与不对，那都是你自己的事情，你要对你自己的所作所为负责。而我，只需要做好我自己的事情，不是吗？”

“是……”陈大坤点点头，但又觉得哪里不太对劲儿，便又摇摇头，“但你也不能‘见死不救’吧！至少……至少……”

“至少什么？”见陈大坤急到语无伦次，蒙安琪干脆接过话，字字清晰地道，“恐怕，就连你自己都想不出，我有什么理由帮你做作业吧？”

“我……”陈大坤哑口无言。

其实，论辩论，陈大坤根本就不是蒙安琪的对手。要知道，蒙安琪的伶牙俐齿可是出了名的，要不是她好几次拒绝了白杨柳的引荐，恐怕现在她也能够成为少儿节目的主持人。只是这一次，陈大坤之所以没有了下文，并不是因为她嘴皮子厉害，而是因为他觉得蒙安琪的话有几分道理。做暑假作业原本就是他的分内之事，是他没有把自己的事情做好，怪不了别人。

见陈大坤像是蔫了的茄子一样低着头闷闷不乐，蒙安琪只觉得心里有些不是滋味，态度软了下来，说：“那个……如果你真的需要的话，我可以帮你。”

“算了，你刚刚明明拒绝我了，还数落了我一顿。”说完这句话，陈大坤像是小孩子一样的把头扭到一边，不打算再理会蒙安琪了。

此情此景让蒙安琪噗嗤一下笑出了声：“虽然我的理智不允许我帮你做作业，但是我可以教你做作业，如果你遇到了不懂的问题，我可以帮你理清思路。这样一来，你很快就可以完成作业了。”

不得不说，蒙安琪的一句话就像是惊醒了梦中人，让陈大坤有了绝处逢生的感觉。“真的？”他转过头看向蒙安琪，“我的学习成绩可是很差的，很多题我都不明白，你真的愿意帮我？”

“只要你肯努力，我当然愿意帮助你。”蒙安琪脱口而出，“我虽有我的原则，但我也是一个乐于助人的人。”

蒙安琪没有食言，趁着还没有上课的间隙，她真的辅导陈大坤做了好几道数学题。不但如此，她还把自己总结出来的“计算口诀”分享给了陈大坤。出人意料的是，陈大坤比她想象的还要聪明，他很快就做完了三页数学题，并且向她请教的次数越来越少了。

这天放学后，蒙安琪对着陈大坤说：“明天补习班放假，我就没有办法监督你做作业了。你能向我保证，无论如何都要一个人完成作业吗？”

“可以。”陈大坤斩钉截铁地点了点头，“大不了，我向老师实话实说，就说‘这道题我不会做’。”

陈大坤的回答让蒙安琪露出了欣慰的笑容：“好，那我们做一个约定，以后你不会的问题，我都会教你。还有，你的愿望我也一定会在暑假内帮你完成的。”

“你是说……你真的会安排我和白杨柳见面？”陈大坤没能忍住内心的激动，说话的声音都跟着颤抖了起来。

“真的。”蒙安琪一本正经的样子不像是在说谎，“你做好你分内的事，我也会做好我分内的事，包括答应过你的事，也是我分内的事。”

蒙安琪的这句话像是绕口令，但是陈大坤却听得真真切切，不再有怀疑。趁着阳光正好，他点点头，做了一个深呼吸：“好了，我现在就要回去履行我的承诺了！”说完这句话，他头也不回地走出了教室门，和之前的他相比，现在的他阳光、自信，更像一个敢于承担的大人了。

## 你的眼睛像月牙，可惜不会笑

今天是暑假里的第一次召集日。

作为班长，蒙安琪每次都是第一个来到教室的。只不过今天，当她来到走廊时，却发现同班同学董文静已经先她一步走进了教室。她热络地打了声招呼：“嗨！好久不见，你来得真早！”而董文静仅仅是嗯了一声，就不慌不忙地坐到了座位上，把视线移到了窗外。

对此，蒙安琪早已见怪不怪。

董文静是一个转学生。她是在初二的下半学期才转学过来的，和同学们磨合相处的时间总共还不到两个月，再加上她人如其名——非常的文静，所以平日里，她除了和她的同桌白杨柳说几句话外，很少主动和别人沟通交流。

但此时此刻，教室里只有她们两个女生。或许是觉得气氛有些尴尬，蒙安琪轻手轻脚地走到了董文静的身边，再一次打开了话匣子：“文静，这个假期你都做了些什么？有没有和家人一起出去旅行呀？”

“我的家人都在上班。”董文静的口吻就像是平静的水面一般，听不出任何的感情波动，就连她的表情也是一样，丝毫看不出情绪的变化。

“哦。”蒙安琪傻笑一声，迅速转移了话题，“你的头发剪短了，看起来更加漂亮了。其实，我也很想剪一头短发，只可惜我的脸有点儿婴儿肥，不太适合……”似乎是觉得自己的话题有些突兀，她尴尬地轻咳了一声：“你不会介意我话比较多吧？或许，你喜欢一个人安静地坐着？”

“无所谓。”董文静缓缓开口，一字一顿，“我的性格比较内向，也不喜欢说笑。”

“或许，也是因为你转学的时间不长，对新的环境不太熟悉，对老师和同学不太了解。”蒙安琪咧嘴一笑，毫不避讳，“其实，我们都很想和你做朋友的，但我们害怕太过热情会吓到你，所以才不敢太过主动。”

“是这样吗？”董文静抬头看着蒙安琪，“我还以为，我的性格太古怪，你们不喜欢我。”

“怎么可能，如果我不喜欢你，就不会主动和你说话了。”蒙安琪一脸的真诚，“而且，我曾推荐过你做小组长，是你自己拒绝掉了，我还以为，你不喜欢我呢！”

“不会，”董文静挤出了一丝苦笑，“我只是不习惯管理同学而已。而且，我没有类似的经验，所以才辜负了你的好意。”

聊了几句之后，蒙安琪惊奇地发现，其实董文静也是一个头脑清晰、有想法的女孩子，只不过她过于沉默寡言，才交不到朋友。于是，蒙安琪说：“既然我不讨厌你，你也不讨厌我，那我们就做个朋友吧！”

忽然而又直接的提议让董文静愣了一愣：“你说什么？”

“我说，我想要和你做朋友。”蒙安琪直截了当地说出了自己的意愿，毫不含糊，“而且，我希望可以在你的脸上看到笑容，因为认识你这么久，在我的印象中，我都没有看到你笑过。”

“笑？”董文静对这个字眼有些陌生，“我不会笑。”

“人怎么可能不会笑呢？”蒙安琪大为不解，“人生下来就会笑。”

“性格使然吧，”董文静低下头，看向自己的鞋尖，“我有些悲观，总是有无尽的烦恼干扰我的生活，即便我想要快乐，也快乐不起来。所以，我渐渐地忘记了如何去笑。”

“是因为你总是转学的缘故吗？”蒙安琪小心翼翼地问道，“我听老师说，因为你父母工作的原因，从小学到现在，你已经转了六次学了。”

“或许吧……”董文静抿抿唇，“我已经习惯了和同学们告别。我想，既然总有一天要各奔西东，为什么还要掏心掏肺地交朋友呢？所以，每到一个新的城市，我都会变得更加悲观、更加自闭。”

虽然蒙安琪无法切身体会一个转学生的无奈，但是，她却从董文静的眼中看到了满满的悲伤，这一瞬间，她竟然有些心疼这个女孩子了。不知道哪儿来的勇气，蒙安琪猛地凑近董文静，紧盯着她的眼睛道：“那你有没有想过，让当下的自己快乐起来？”

“当下的自己？”董文静眨眨眼，并没有躲避蒙安琪的目光，“我没有想过。”

“有个道理很简单——快乐也是一天，不快乐也是一天，你为什么选择不快乐呢？”说完这句话，蒙安琪自顾自地坐到了董文静身边，“我觉得，未来固然重要，但是当下的自己过得快不快乐，也很重要。人生之所以珍贵，是因为不能重来。如果整天都愁眉苦脸，胡思乱想，那岂不是自寻烦恼？而且，和不会笑的人相比，笑容满面的人，更能够让人感觉到亲近。”

不知是不是觉得蒙安琪说得有几分道理，只见董文静顿了顿，半天才挤出了一句话：“其实，我也觉得这样的自己非常不好。”

“只要你肯改变，就一定会感觉到快乐。”蒙安琪莞尔一笑，“如果你不知道如何才能变得快乐，那就先学着微笑地面对生活，”说着，她指了指自己的嘴角：“像我这样嘴角上扬，就是这么简单。”

“这、这样吗？”董文静犹豫着做出了一个微笑的表情。霎时，她原本像月牙一样的眼睛眯成了一条缝，非常可爱。

蒙安琪忍不住地赞美道：“你的眼睛像月牙，笑起来的样子非常可爱，你应该多笑。”

“我的家人也是这样和我说的，他们还说，微笑待人是一种礼貌。”董文静喃喃自语，“可惜我总是做不到。”

“其实，你可以做到，”蒙安琪信心十足地道，“就看你想还是不想。”

“我……可以吗？”董文静半信半疑，“我不确定我可以改变自己的性格。”

“一定可以的。”蒙安琪给董文静加油打气，“放心，我会帮助你的。”

伴着朝阳，两个原本陌生的女孩子成了朋友，同时，她们也有了属于她们自己的小秘密。

## 站在什么山头上，就要学唱什么歌

蒙安琪的同桌肖正豪是一个令人头疼的男生。这不，他刚一走进教室，就火急火燎地把蒙安琪拉到了一边，对着她神神秘秘地道：“班长大人，快把你的作业拿出来借我参考参考，我一道题都没有做！”

蒙安琪早有准备，只见她两手一摊，对着肖正豪道：“我就知道你没有做作业，所以，我一早就把我的暑假作业交了上去。现在，即便是你说得天花乱坠，也只能自求多福了。”

肖正豪见白杨柳坐在座位上，便心生一计，又打起了白杨柳作业的主意。好在蒙安琪眼疾手快，张开双臂拦住了他的去路说：“白杨柳的暑假作业也交上去了，所以，你也不要打白杨柳的主意。”

见班级里的两大“学霸”都交了作业，肖正豪瞬间有些不知所措。他说：“你是故意的！早知道你有备在先，我昨天晚上就去李一统家写作业了。”

“李一统？”蒙安琪险些笑出声，“你们两个期末考试一个倒数第一，一个倒数第二，你找他写作业，岂不是拍大腿吓老虎——一点儿用处都没有？依我看，他现在也是自身难保……”

说曹操曹操到。蒙安琪的话音刚落，匆匆忙忙从后门走进来的李一统就找到了肖正豪，他连书包都没来得及放下，就气喘吁吁地道：“肖正豪，快把你的暑假作业借给我，再不写就来不及了！”

“我？”肖正豪指了指自己的鼻子，“我都不知道找谁借呢！”

“你不是说班长一定会借给你的吗？”说着，李一统看向蒙安琪，“蒙安琪，我们可都指望你了。”

“只可惜，你们来晚了一步，”蒙安琪冲着办公桌的方向努了努嘴，“现在，大多数的同学都已经交了作业，而且，袁老师已经到了教师办公室。你们啊，还是勇敢地为自己的错误买单，自求多福吧！”

正如蒙安琪所言，这一次，肖正豪和李一统都没有逃过袁老师的批评。在下课后，他们被带到了教师办公室，进行了单独的谈话。

班主任袁老师是一个有着二十年教学经验的老教师。面对两个顽劣的男生，他先是扶了扶鼻梁上的近视眼镜，紧接着开门见山地问道：“我问你们，学生的职责是什么？”

“学习。”肖正豪抢着回答。

“没错，学生的职责就是学习。”袁老师一字一顿地道，“人生的每一个阶段，都有它的意义，在什么阶段，就要做什么事情。作为一名学生，在学生时代最重要的事情就是好好学习。”

听到这儿，李一统有些不耐烦："老师，您说的这些，我们都知道。"

"但是你们并没有做到，没做到就等于不知道。"袁老师字正腔圆，说得头头是道，"该上课的时候上课，该吃饭的时候吃饭，该运动的时候运动。到了暑假，即便没有老师的监督，也要做好自己的暑假作业，这是一个学生应该做的事情。"

"老师，我们只是忘了，没有你说的那么严重……"肖正豪还在为自己的过错狡辩。

"忘了？"袁老师眉头一皱，反问道，"难道你们会忘记睡觉和吃饭吗？"

"这……"刚刚还伶牙俐齿的肖正豪顿时哑口无言，只见他挠了挠头，不再狡辩，"老师，我错了，我以后会注意的。"

回到了教室里，蒙安琪第一时间凑到了肖正豪的跟前，幸灾乐祸地道："怎么样？袁老师是不是对你们进行了非常严肃的批评教育？有没有给你的家长打电话？"

"没有，他只是说了一些莫名其妙的话。"那些话让肖正豪一个头两个大。"他说，人生的每一个阶段，都有它的意义。在什么阶段，就要做什么事情，作为一名学生，就要好好学习……"说到这儿，他甩了甩头，"反正都是一些大道理。"

"是大道理没错，但是说得很对。"蒙安琪品了品，"人在不同的时期就要做该做的事，该学习的时候学习，该休息的时候休息，就像是人们说的那句俗语——'站在什么山头上，就要学唱什么歌'。否则，一次错，次次错，生活和学习都会变成一团糟。"

"几天不见，你更爱说教了……"肖正豪不满地皱起眉头。

"我说的是事实，"蒙安琪不依不饶，"人往高处走，水往低处流。作为你的同桌，我总不能眼睁睁地看着你被河水吞噬吧？怎么着也得拉你一把！”她拍了拍肖正豪手中的作业本，说：“作为一名学生，学习是你不可推卸的责任，而暑假作业就是学习的一部分，你甩也甩不掉。”

“我知道了。”肖正豪嘟囔了一句，没有了下文。

蒙安琪道：“不但要知道，你还要专心，要一心一意地去做，只有摒除一切杂念，做事才会有效率，你才会养成不再推卸责任的好习惯。”说到这儿，她用手指推了推肖正豪的胳膊问：“喂！你听到了没有？”

“听到了。”肖正豪耐着性子，拉长了尾音，“我的耳朵都快磨出茧子了。”

“那好，如果下一次召集日，你可以老老实实地完成所有的作业，我保证从此以后再也不和你说大道理了，”蒙安琪仰起头说，“而且在开学的家长会上，我还会对你的家人好好地表扬你一番！”

“真的？”刚刚还嫌蒙安琪话多的肖正豪，小眼睛立刻亮了起来，“我想要加入学校的游泳队，拜托你和我妈说说好话，她最喜欢你了！”

“看你的表现吧。”蒙安琪眉梢轻挑，露出了一丝笑意，“只要你不食言，我一定会在对的时间，做我答应过你的事情的。”

## 天天向上，每天进步一点点

回家的路上，有事相求的蒙安琪特地给白杨柳买了一支冰激凌，她边走边说：“昨天晚上我又在电视上看到你了，你穿的那条红色连衣裙真漂亮。”

“谢谢。”白杨柳莞尔一笑，露出了一对酒窝，“不过，根据我对你的了解，你是不会随随便便地赞美别人的。说吧，有什么事？”

“啊？”蒙安琪一愣，禁不住傻笑了一声，“还是逃不过你的法眼。其实，我真的有件事情想要拜托你，而且这件事情，只有你能够帮我。”似乎意识到了事情没有自己想象的那么简单，白杨柳停下了脚步。蒙安琪吞吞吐吐地道：“我……我在补习班里认识了一个叫作陈大坤的男生，他……”

“你喜欢他？”白杨柳倒吸了一口凉气。

“不是！”蒙安琪急忙否认。

“他喜欢你？”白杨柳又问。

“也不是！”蒙安琪摆摆手，示意白杨柳不要胡思乱想，“他是你的‘粉丝’，他知道你是我的好朋友后，整天吵着要见你一面，我耐不住他的软磨硬泡，就答应了他的请求……对不起，我没有事先征得你的同意。”

“就这事？”白杨柳哭笑不得地道，“我还以为是什么大事呢！这根本就不算事。”

“你同意了？”蒙安琪咽下了因为紧张而滋生的唾液，小心翼翼地问道，“我还以为，你会生气呢！”

“胡思乱想些什么呢！你的朋友就是我的朋友，你把你的朋友介绍给我，我高兴还来不及呢，怎么会生气呢！”说着，白杨柳冲着蒙安琪眨眨眼，“我相信，他一定是一个非常优秀的男生。”

优秀？蒙安琪的脑海中立刻浮现出第一次见到陈大坤时，他灰头土脸、邋里邋遢的画面：“他的性格还不错，比较随和，只不过……他穿着打扮邋里邋遢，卫生习惯也不是很好，我担心你不会喜欢他……”

“这样啊……”白杨柳的眼中闪过一丝不悦，“我最怕的就是这种类型的男生了，我有非常严重的洁癖，我也不会和这种类型的男生交朋友。”

“我知道，所以我再三提醒过他了，一定要注意自己的个人卫生和礼仪。”说罢，蒙安琪又加上一句，“好在，他为了见你一面，已经很努力地改变自己了，他剪短了头发，换了干净的衣服，也不乱扔垃圾了，就像是变了一个人一样。”

“一个人真的会在这么短的时间内改变自己的卫生习惯吗？”白杨柳半信半疑，“他该不会只是心血来潮，过几天就‘原形毕露’了吧？”

“我不知道。”蒙安琪耸耸肩，不知如何回答白杨柳的这个问题，“但是我敢保证的一点是，他真的是你的忠实粉丝，他把你视作偶像，张口闭口和我提到的都是你，他是真的很欣赏你，想要和你见上一面。”

“那……好吧。”白杨柳深吸了一口气，“我只希望见面的那一天，他不要让我大跌眼镜。”

隔日，蒙安琪一早就把这个好消息告诉了陈大坤，只见原本趴在课桌上打瞌睡的他一下子跳起来了，不顾同学们异样的眼光大喊了一声：“真的吗！她答应见我了吗？我终于可以看到我的偶像了！”

霎时，无比尴尬的蒙安琪做了一个“嘘”的手势，见陈大坤又老老实实地坐回了椅子上，她这才接着开口：“但是，我很担心你和白杨柳见面时的情景，她有非常严重的洁癖，她最讨厌邋里邋遢的人，但是你看看你今天的装扮……”

在蒙安琪的提示之下，陈大坤低头看向自己的鞋尖。此时此刻，只见他脚上那双原本白色的球鞋到处都是沾染过泥巴的痕迹，不但如此，他的袜子还不一样，一只是黑色的，一只是灰色的。见况，他急忙把双脚藏在了椅子下，尴尬地笑了笑："那个……昨天在学校里和同学踢了一场球赛，忘记了换鞋……"

"所以，你还是忘记了我和你说过的话。"蒙安琪叹了一口气，不知如何应答，"陈大坤，我告诉你，我可是破例才答应了你的条件，也在白杨柳的面前说了你不少好话，你可千万不要掉链子，让我难堪。"

"我改，我一定改。"陈大坤赔着笑，"你放心，我一定会改正的。"

可是，这话听到蒙安琪的耳朵里，却让她觉得没有那么简单，她语重心长地道："冰冻三尺非一日之寒。我知道习惯的养成是一个日积月累的过程，所以，养成良好的个人卫生习惯也绝不是短时间能够完成的事情。但我希望，在接下来的这段时间里，你可以自律一些，改掉你的坏习惯，每天进步一点点。"

蒙安琪的这番话委婉温和，但却重重地击在了陈大坤的心上。陈大坤也曾意识到自身的问题，但是他放任了自己的懒惰，一拖就拖到了现在。可是当下，他竟然为他曾经的懒惰感到羞愧，他也终于明白了一个道理——人有责任和义务让自己变得越来越好。

天天向上，每天进步一点点，就像是那小小的蜗牛，只要肯攀登，就一定可以到达顶峰。

# 第三章
# 小心，为人处世中的“七大禁区”

## 谎话连篇——没有人喜欢和爱说谎的人交朋友

这一天，蒙安琪的家里来了一个人——江美灵。

江美灵是蒙安琪的表妹，两个人相差一岁，都是初中生。只不过和蒙安琪相比，江美灵生性好动，有些傲慢自大，总是以自我为中心。所以一直以来，她都没有几个知心朋友。闲来无事，她常常在电话里向蒙安琪抱怨。

见江美灵一进门就气鼓鼓地坐在了沙发上，蒙安琪急忙递上了一杯橙汁，坐在她的身边小心翼翼地问道：“我的小公主，你这是怎么了？”

“别提了！”江美灵手一挥，咕嘟咕嘟喝下了半杯橙汁，“我露馅了。”

“露馅？”蒙安琪丈二和尚摸不着头脑，一脸的疑惑，“你们家在包饺子？”

“不是、不是！”江美灵摆摆手，气急败坏地道，“前些天我骗我的同学说，我们家养了一只泰迪犬，她们争着抢着要来我们家玩，结果我就答应了。等到她们来的那一天，我骗她们说狗狗生病，送到医院了，本以为事情就这么过去了，谁知道我妈提早下班，当场就说漏嘴了，我一气之下就和她大吵了一架。”她向蒙安琪请求道：“恐怕在我的气还没有消之前，我只能住在这里了。”

江美灵说这话的时候，口气中没有一丝的歉意，反而理直气壮。蒙安琪不知道怎么办才好，沉默了许久后，她问道：“我可以问你，你为什么要说谎话骗你的同学吗？”

“可不可以，你都已经问了。”江美灵的口气一如既往的强硬，“我高兴，所以我就说谎了。”

“高兴？”蒙安琪想不明白，“什么意思？”

看蒙安琪一头雾水，江美灵也没有再绕弯子，她端正坐好，一字一顿地说：“说起来，这件事情的缘由发生在期末考试的时候。当时，我的同桌写了一篇关于她们家宠物犬的作文，获得了全校作文的最高分，当时我就不服气，我和同学说，我们家也养了一只泰迪犬，所以才会出现接下来的事情……”说到这儿，江美灵嘟起小嘴巴，又开始抱怨：“都怪我妈，早不回晚不回，偏偏那个时候回，真是扫兴！”

得知了事情的来龙去脉，蒙安琪哭笑不得地摇了摇头：“恕我直言，你这是自作自受，怪不得别人。”

“才不是呢，我只是运气不好，没能让事情朝着理想的方向发展。”江美灵嘴硬，依旧我行我素。说罢，她还炫耀起自己的“光辉历史”来：“其实，说谎是一件很好玩的事情，我曾经骗过我的同学，说我的巧克力是从法国买来的，她吃得津津有味，一个劲儿地说‘好吃’，其实，那只是我从网上淘来的，才九块九，还包邮呢！是不是很好笑？”

“我……不觉得。”蒙安琪抿抿嘴，不知道下面的话当讲还是不当讲，“我反而觉得你有些过分了。”

“这就过分了？”江美灵似乎听到了一个笑话，“拜托，这和我以前撒的谎比起来，简直是不值一提，我还和老师说过谎呢！家长会那天，我和老师说我的家里人生病了，无法来参加家长会。我们老师不但没有批评我，反而在家长会上表扬了我。你说，我是不是很聪明？”

“小心聪明反被聪明误，”蒙安琪提示道，“难道除了这几次，你就没有被揭穿的时候吗？”

“说谎确实具有一定的风险性，所以，就算是被揭穿了也没有什么可大惊小怪的。”江美灵说得一本正经，“就好比我曾经最好的朋友，就是因为我骗过她，从此她把我当成了仇人一样，现在还不和我说话呢。”

“这次呢？”蒙安琪提示道，“这一次，你们班级里那么多的女生知道了你在说谎，她们会怎么想？”

“大不了从此井水不犯河水，不相往来呗。”江美灵耸耸肩，“虽然我不想，但是没有办法，谁让我倒霉呢。”

“唉……”听到这儿，蒙安琪叹了一口气，“江美灵，如果你一直说谎，你不但会失去朋友，还会永远都交不到朋友，因为没有人喜欢和谎话连篇的人交朋友。”

“我下次小心就是了。”江美灵执迷不悟，“我不会再让任何人发现我在说谎的。”

“你为什么一定要说谎呢？”蒙安琪想不明白，“谎言说得再多终究是谎言，即便你把它说得天花乱坠，也变不成真的。而且，当你的诚信遭受到了他人的怀疑，就算你以后说的是真话，别人也会认为你在说谎，到时候，你的解释都没有人听。”

不知是不是蒙安琪的口气中带着一丝不悦，还是因为觉得蒙安琪的话说得有几分道理，霎时，原本伶牙俐齿的江美灵陷入了沉默之中，犹豫了好久，她断断续续地道：“以前有人告诉我说谎会上瘾，我不信……”

“只要你想，现在改正还不晚。”蒙安琪苦口婆心地劝道，“你不能改变过去，但是可以改变未来。”

“可是，现在已经这样了，”江美灵道，“现在同学们都知道我喜欢说谎，我已经不能回头了。”

“做好你自己的事，从现在开始做一个诚实守信的人，我相信你的同学会看到你的改变的。”说着，蒙安琪莞尔一笑，“更何况，即使你继续说谎，也没有办法给你带来你想要的生活，不是吗？”

没有人知道江美灵的未来会变成什么样子，就如同没有人知道明天会发生什么一样。但你只要坦坦荡荡做人，踏踏实实做事，事情总会往好的方向发展，难道，生活会因为你撒谎成性而变得更好吗？

## 自私自利——目中无人是交友的大忌

这天下午，蒙安琪带着江美灵一同来到了“拾光”花店。

此时此刻，丁巧巧正专心致志地为客人制作开业花篮。只见她一只手扶着花篮，另一只手拿着红玫瑰，正思索从哪儿下手。见蒙安琪来了，丁巧巧立刻把她拉过来问道：“你觉得，这几朵红玫瑰插在这里好看吗？”

突然的问题让蒙安琪有些措手不及，她咧开嘴露出了笑容，“巧巧姐，你是专业的插花师，这种专业性的问题你竟然问我？”

“我的经验虽然丰富，但是客人依旧不满意。”说着，丁巧巧指了指里屋里被退回来的十几个花篮，“你瞧瞧那些，全部都是被退回来的花篮，我必须在今天晚上之前，把所有的问题处理完。”

“这么多？”蒙安琪边说，边朝着里屋走去。殊不知不看不知道，一看吓一跳，“巧巧姐，这些花篮不是隔壁街咖啡店老板订的花篮吗？咖啡店已经开业好几天了，怎么现在才要求返工？是不是搞错了？”

“没错。”坐在一旁处理玫瑰花刺的高远禁不住插言，“当时，我们是按照客户提供的图片制作的花篮，可就在送货的当天，咖啡店老板却抱怨花篮整体看起来小气，配色过于俗气，还说花的状态不好，说我们用的都是废弃的花。”

“怎么可能？”蒙安琪皱起眉头，“我可是亲眼看到你们为了处理干净玫瑰花上的刺，熬了一个晚上没有睡觉。”

“我们解释过了，但是客人态度强硬，执意要求返工。这不，今天一大早，她就找人把这些不满意的花篮抬了回来。我们拒绝返工，她就大吵大闹，誓不罢休，我们也很无奈。”高远耸耸肩，把一肚子的委屈咽到了肚子里。

得知了事情的来龙去脉，蒙安琪怎么想都觉得不对劲儿，随后，她对着丁巧巧道：“依我看，咖啡店的老板明显是想要占花店的便宜，她先是故意挑剔，等到花快要凋谢的时候，再将不能继续利用的花篮送过来返工，目的就是为了以旧换新，多摆几天！”

蒙安琪说得头头是道，但是丁巧巧却好像是在听着一件和自己无关的事情，沉默了许久，她缓缓开口，说出了三个字：“我知道。”

“你知道？”蒙安琪一愣。

“当然，”丁巧巧开口道，“她当着众人的面抱怨这些花和她预期的不一样时，我就大概知道她接下来会做的事了。”

“既然如此，你为什么还要答应她的要求？巧巧姐，这不是你的性格啊！”说这话的时候，蒙安琪只觉得气不打一处来。

丁巧巧说出了她的看法：“大家都是邻居，抬头不见低头见，总不能因为几个花篮闹到不可开交，人尽皆知。这种特殊情况下，我宁可吃点亏，息事宁人，也不想小事化大，影响我做生意，大不了，以后她的生意我就不做了，我惹不起，但躲得起。”

与此同时，一直没有插上话的江美灵自顾自地嘀咕了一声：“真自私！”

“啊？”蒙安琪扭过头看向江美灵，“你刚刚说什么？”

“我是说，那家咖啡店的老板实在是太自私了，她只顾着将自己的利益最大化，却没有想到会给他人带来麻烦，”说着，她冷哼了一声，“如果换成是我，我不但不会答应她无礼的要求，我还会骂她一顿！”

“骂她一顿？”丁巧巧还以为自己听错了，“至于吗？”

“当然了，我可不是那么好欺负的，”江美灵一字一顿，一本正经的模样不像是在开玩笑，“我可没有你那么善良，谁要是欺负我，我肯定十倍奉还！”

“和气才能生财，意气用事并不是解决问题的方法。”丁巧巧哭笑不得。“虽然我的性格比较直爽，像一个男孩子，但我不会因为这种事情失去理智。”说话的同时，她放下了手中的红玫瑰，改用粉玫瑰做主色调，“而且，我要做得更好，让她无话可说。”

见丁巧巧的心意已决，蒙安琪也不好多说什么，只不过因为这件事情，她对咖啡店老板多了几分反感，同时，也对那家咖啡店的印象大打折扣。她转过头，对着江美灵道：“我本想晚上请你喝咖啡的，但是现在，我根本就不想进那家咖啡店。”

“我也是。”江美灵点点头，“咖啡店的老板那么自私自利，目中无人，做出来的咖啡也一定不好喝。”

“咖啡好不好喝我不知道，但我肯定不会和她打交道。”说完这些话，蒙安琪自顾自地拿起了垃圾袋，“巧巧姐，我们不会插花，我们就帮你把花篮上那些凋谢的花拆掉吧，这样一来，你只需要专心插花就可以了。”

“谢谢你们。”丁巧巧莞尔一笑。花店里花香四溢，那些不愉快，也因为宽容而烟消云散。

## 虚荣攀比——脱下虚荣的外衣，学会用真心示人

本以为江美灵是逞口舌之快，到了晚上气消了就回家了，但让蒙安琪没有想到的是，她还真就住了下来，不走了。意识到了事情的严重性，蒙安琪凑到江美灵的身边，对着她道：“嘿！你不回家，舅舅舅妈不会担心你吗？”

“我妈妈刚刚给我来过电话了，”江美灵边说边拿起遥控器，转到了下一个频道，“但是我没有告诉她我在哪里，我只说我在同学家住几天。”

“舅舅舅妈会担心的。”蒙安琪试探性地道，“要不，我现在送你回家吧！”

“我才不会轻易回去呢。”说着，江美灵不满地皱起眉头，声音也压低了几分，“你该不会通风报信，背着我偷偷给我家里人打电话吧？我不想让他们知道我在这里。”

“当然不会，”蒙安琪急忙摆摆手，“我不会做这种事情的，只不过我觉得，你二话不说就‘离家出走’，这种行为确实有些

不妥。”

“谁让我妈不答应我提出的条件！”提到这儿，江美灵打开了话匣子，“你知道吗？我的同学有很多都骑自行车上学了，尤其是我们班长的自行车，粉色的车身，白色的车筐，特别漂亮。我刚刚在电话里和我妈说，如果她给我买一辆一模一样的自行车，我就乖乖回家，可是，她坚决不同意。”

“你为什么要买一辆和别人一模一样的自行车？”蒙安琪有点儿想不通，“而且我记得，你的学校就在你家小区门口，直线距离才三百米，你根本就不用骑自行车上学，完完全全可以用走路来代替。”

“骑车或是走路并不是重点，重点是别人有的东西，我也要有。”江美灵说这话的时候显得理直气壮，说完，她还加上一句，“不但要有，而且我还要比他们的东西多，比他们的东西好！”

“为什么？”蒙安琪又问，“你为什么会有这么奇怪的想法？”

“我也不知道，”江美灵摇摇头，实话实说，“只要我看到别人有但是我没有的东西，我就浑身上下都不舒服，我很讨厌这种感觉，所以，别人有的东西，我一定也要想办法得到。”

听到这儿，蒙安琪听出来了个所以然，她脱口而出：“你这是嫉妒，而嫉妒别人，是攀比心在作祟，这是一个坏毛病，要改。”

“或许吧。”江美灵像是没事人一样的耸耸肩，就好像这件事情和自己没有任何关系，“我从小到大都是这样，我觉得追求自己喜欢的东西，没有什么不好，也没有什么错，我也不想改变我的现状，我觉得挺好。”

“可是，天底下有那么多你没有的东西，舅舅舅妈不可能每一样都满足你。”蒙安琪说到了重点，“更何况，很多东西是你完全用不到的，就好比自行车，就算伯母真的答应了你的要求，给你买了一辆一模一样的自行车，我敢打赌，你一定不会骑，而且很快就会喜欢上另外的东西。”

不得不说，蒙安琪的这番话说得不无道理。没错，喜欢攀比的人向来都不会满足，因为当他得到了一件想要的东西时，很快就会被另一样东西吸引，周而复始，恶性循环。

似乎是不知道如何反驳蒙安琪的话，只见江美灵努努嘴，把头歪向一边，转移了话题：“难道你不想拥有一辆粉红色的自行车吗？骑着它上学，是一件多么炫酷的事情啊！所有人都会很羡慕的。”

“不想，”蒙安琪不假思索地道，“相比于骑车，我更喜欢走路和坐公交车，而且，我根本就不会骑自行车。”

随后，江美灵又问：“如果你讨厌的女同学穿了一条非常漂亮的连衣裙，你也不会妒忌，想要拥有一条一模一样的吗？”

“不会，”蒙安琪眨眨眼，“别人穿什么衣服那是别人的事情，和我有什么关系呢？再说了，我没有讨厌的女同学，我和我们班级的同学相处得都非常融洽。”

似乎是觉得蒙安琪的回答无懈可击，江美灵也没有继续追问。她伸了一个懒腰，懒洋洋地倚靠在了沙发背上，叹了一口气：“你和我完全就是两个世界的人，我说得再多，也没有办法改变你的想法，说了也白说。”

“的确。”蒙安琪想了想，话锋一转，“你有没有听过《项链》的故事？”见江美灵摇摇头，蒙安琪接着道：“故事中的女人公是一个爱慕虚荣的女人，有一天她为了参加舞会，专程向她的好朋友借了一条项链，她戴着这条项链，在舞会上出尽了风头，但是在舞会结束时，却发生了一件意想不到的事情，你猜发生了什么？”

见蒙安琪有意卖关子，江美灵猜测道：“难道是看到了别人有更漂亮的项链？”

“不是，”蒙安琪接着道，“在舞会结束时，她竟然发现那条项链不见了。”

“不见了？”江美灵倒吸了一口凉气，“该不会是被人偷走了吧？”

“或许吧，她也不知道项链为什么不见了，但是，她要为此承担责任。”蒙安琪回答道，“为了赔偿这条项链，她用了十年的时间还债，可笑的是，直至十年后她还清了债务，她才知道朋友借给她的那条项链是假的。”说完，她问江美灵：“为了一时的虚荣，她花费了十年的心血，你觉得值得吗？”

“我……不知道。”江美灵低下头，因为她知道，蒙安琪是在用这个故事，和她讲道理。

“我觉得不值得，”蒙安琪一五一十，毫不留情地说，“人人都有自尊心，都希望得到尊重，受到他人瞩目，这是一种很正常的心理需要。但是，很多东西唯有通过自己的努力得来才会变得有意义。而故事中的主人公为了满足自己的虚荣心，把借来的东西谎称是自己的，最后，她也不得不为自己的虚荣心买单。”

没错，爱慕虚荣是一种性格上的缺陷，如果不及时调整自己的心态，脚踏实地地去追求自己喜欢的东西，那么最后得到的，一定不会是快乐。

## 自作聪明——不做他人厌恶的“双面人”

一波未平，一波又起。江美灵的“自行车事件”还没有落下帷幕，苏冉那边又出现了新的问题。

这天在补习课上，整整一上午都不在状态的苏冉接连被老师点名批评了好几次，直至放学后，她才哭丧着脸找到蒙安琪，对她哭诉着道：“安琪，我犯错了，我和史茜闹掰了……”

史茜是苏冉的邻居，也是她从小玩到大的好朋友。两个人虽然没有任何血缘关系，但是却像亲姐妹一样，整天形影不离。但是最近，两人的关系却因为另一个女生出现了难以愈合的裂痕。

事情的经过是这样的……

前不久，苏冉所在的楼道搬来了一户新邻居，这户人家的小孩是一个喜欢交朋友的十二岁小女孩，小名叫小小。小小活泼可爱，刚和史茜认识没多久，她就把史茜拉到家里去做客，一来二去，两个人就成了无话不谈的好朋友。

只不过，这一切都被苏冉看在了眼里。

要知道，苏冉是一个性格敏感的女孩子，她最喜欢的事情就是胡思乱想。当她再一次看到史茜和小小谈笑风生的时候，她只觉得心里如针扎般的难受，为了“霸占”自己的好朋友，她想出了一个大胆的主意……

那天中午，趁着史茜正在午休，苏冉敲开了小小家的房门，见小小一个人在家，她开门见山地说：“你就是小小？我经常听史茜提起你，我们曾经是很好的朋友。”她刻意把“曾经”这两个字说得很大声，试图引起小小的注意。

殊不知小小还真就上当了，只见她歪着头，大为不解地问道：“曾经？你们现在不是好朋友了吗？”

“还好吧，”苏冉撒谎道，“自从那件事情以后，我和她的关系就慢慢疏远了，有的时候连话都说不上几句。”

“那件事情？”小小来了兴致，急忙追问。

见鱼已上钩，苏冉清了清喉咙，一本正经地道：“有一次她上我家玩，我发现我最喜欢的那串手链不见了，我找了很久都没有找到。还有一次，我和她一起去公园，我背包里的钱包也不翼而飞了……”说到这儿，她话里有话地问了小小一句：“我听说，她最近经常来你家玩？”

“啊？”小小一愣，半信半疑地道，“你的意思是说……史茜偷了你的东西？”

“我可没有这么说，”苏冉急忙否认，“我只是怀疑而已，毕竟我没有证据。而且，我告诉你这些并没有恶意，只是提醒你一下，小心驶得万年船。”

苏冉说得越多，小小就越觉得不可思议。“她不是那种人吧……”她嘀咕道，“最近她经常来我们家玩，我从来都没有察觉到少了什么东西，而且，她还送了我一本画册和一个文具盒，她很大方的……”

“路遥知马力，日久见人心。”苏冉给了小小一个忠告，“知人知面不知心，我劝你，还是谨慎点为好。”

走出小小家门的时候，苏冉的心里很不是滋味。其实，她之所以这么做、这么说，不是为了中伤史茜，而是希望小小主动和史茜保持一段距离。可是她不知道，事情的发展并不像她想象中那么顺利……

没过几天，苏冉再一次在楼下的花园里看到了史茜和小小在一起的画面，她们手拉着手有说有笑，乍看之下分外亲昵。见况，苏冉心生嫉妒，气不打一处来，于是当天晚上，她又有了新的举动……

这一次，苏冉没有在小小的耳边煽风点火，而是直接找到了史茜，毫不留情地把小小批评了一番，只听她道："上一次我和小小见面的时候，她还说她不喜欢你，说你总是缠着她，不经过她的同意就到她家玩。"

史茜一愣，问道："她还说了什么？"

"她还说……"苏冉编不下去，只得话锋一转，"你别管她都说了什么，反正都是一些很难听的话，特别过分！最可气的是，她对我数落你的不是，对着你却当面一套背后一套，又假装和你很要好，真是讨厌。"

殊不知史茜听了这话，不但没有生小小的气，反而质问她："苏冉，当面一套背后一套的人究竟是谁呢？"

"你……你这话什么意思？"苏冉咽下了因为不安而滋生的唾液，"她明显在污蔑你，借机挑拨我们之间的关系，她的狐狸尾巴早就露出来了，我看得一清二楚。"

"是这样吗？"史茜苦笑一声，"别装了，小心言多必失，你的所作所为我早就知道了，只是碍于我们之间的情谊，我不说罢了。"

原来，史茜一早就知道了苏冉的把戏，并和小小做出了解释——苏冉口中被史茜偷走的那条手链，其实是苏冉主动送给史茜做生日礼物的，为了表达谢意，史茜也把自己最喜欢的布娃娃送给了苏冉。至于在公园中钱包不翼而飞的那件事情，完全是子虚乌有，是苏冉胡编乱造的。事情的真相是苏冉粗心大意地把钱包落在家里了，那个钱包现在还好端端地放在她的抽屉里呢。

得知谎言已经被揭穿，苏冉的眼泪在眼眶地打转，她拉住史茜的手，希望她可以原谅自己的行为：“对不起，我这么做完全是为了维护我们之间的关系，你是我最好的朋友，我不想任何人把你抢走。”

可是，史茜却对苏冉的所作所为大失所望，她对苏冉说：“小小是我们的新邻居，我们理应对她多一点儿照顾，而你却为了挑拨我们之间的关系，造谣我偷东西，侮辱我的人格，弃我的感觉于不顾。还好小小比较理性，她并没有相信你的话，而是第一时间告诉了我这件事情，我才没有被蒙在鼓里。”

听到这儿，蒙安琪小心翼翼地问道：“所以，从那天开始，史茜就不理你了？”

“嗯。”苏冉点点头，“她说，她原谅我做的那些事情，但是她和我也不会像以前那么要好了。也就是说，她不喜欢我了，她讨厌我了……”说这话的时候，她哽咽出声，一肚子的悔恨和委屈再也藏不住了。

蒙安琪深叹一口气：“事已至此，这怪得了谁呢？怪就怪你自作聪明，自私自利，为了达到目的不择手段，最后东窗事发酿成了大祸，你自己的错误，还是要你自己去买单。”

“可是、可是这并不是我想要的结果。”苏冉吸了吸鼻子，断断续续地道，“我、我只是希望可以和她做一辈子的好朋友，我不希望我们友谊因为小小而变淡，我、我真的不想失去她……”

“可惜时间不能倒流，”蒙安琪道，“吃一堑长一智吧。以后再遇到类似的问题，千万不要耍小聪明，做令人生厌的事情。毕竟事态瞬息万变，人不可能控制每一件事都朝着自己期许的方向发展，想要得到好的结果，就要做到问心无愧。”

知道自己错了的苏冉不再多言，而是乖乖地点点头，问蒙安琪：“安琪，你不会因为这件事情而讨厌我吧？现在我知道错了，我也不会再做这么傻的事情了。”

蒙安琪笑着道：“知错能改，善莫大焉。只要你答应我不再犯类似的错误，我就和你做一辈子的好朋友。”

“我不会再自作聪明了，不会再做损人不利己的事情了。”苏冉破涕为笑，“我会好好反思自己，找一个合适的机会再向史茜道歉的。不管我们的关系能不能回到从前，任何结果我都能接受，毕竟，是我有错在先。”

“你能够这么想，就太好了，”蒙安琪拍了拍苏冉的肩，“而且我相信，只要你足够真诚地和她道歉，史茜也会从心底里原谅你的。”

是啊，做人千万不要为了达到目的不择手段，你的小聪明或许会解决你的燃眉之急，然而纸是包不住火的，等到东窗事发之时，再多的解释和眼泪也无济于事，毕竟自己酿下的苦果，要自己吃下去。

## 固执偏激——你做的事情不一定全对

下午四时，天空下起了淅淅沥沥的细雨。透过玻璃窗向外看去，雨丝如同千万条银线，无声无息地从眼前掠过。秋风四起，带来了阵阵凉意。蒙安琪裹紧了外套，对着正站在镜子前的江美灵喊道：“降温了，你穿一件外套吧！”

“我只带了三条连衣裙，没有带外套。”江美灵边说，边自顾自地把齐肩长发绑成了马尾辫，冲着镜子晃了晃脑袋。

蒙安琪从衣柜里拿出自己的外套，递给了江美灵：“如果你想要和我一起出门买菜，就必须穿上这件外套。否则，你就自己留在家里，乖乖等我回来。”

可是，江美灵却固执己见，她不满地皱起眉头，连想都没想就把外套丢到了一边：“拜托，现在才八月，我到九月了还穿裙子呢。”

“今天不一样，”说着，蒙安琪拉开窗帘，“你看，外面的行人都穿着外套。”

“他们是他们，我是我，我自己舒服就好了，为什么要和他们一样？”说着，江美灵迫不及待地拉着蒙安琪就往外走，“好姐姐，我还是第一次自己出门买菜呢！你千万不要扫我的兴。”

“真的不穿？”蒙安琪再次确认，见江美灵点点头，她深叹了一口气，“那好吧，但事后感冒发烧，你不要怪我。”

该说的也说了，该劝的也劝了，蒙安琪只觉得自己说也是白说，劝也是白劝，最后，干脆两手一摊随她去了。结果刚一出门，江美灵就打了一个哆嗦，她先是跺了跺脚，紧接着搓了搓手，缓缓开口：“还好，没有想象中那么冷。”

“小心感冒发烧，我爸妈都在出差，没有人能够照顾你。”说着，她带着江美灵穿过十字路口，殊不知到了风口处，一阵凉风使得江美灵起了一身的鸡皮疙瘩，不但如此，她还接连打了好几个大喷嚏。

不得不说，当下江美灵真的后悔出门前没有听蒙安琪的忠告，穿上蒙安琪为她准备的那件外套，但事已至此，已经没有了后悔的余地。她若无其事地吹着口哨，心里想着，待会到了菜市场，应该就没有风了吧？殊不知，当她来到菜市场，她才发现自己大错特错……

所谓的菜市场，只不过是一条没有任何遮挡物的小街巷，此时此刻，小商小贩们竖起了雨伞，向来往的客人们吆喝着自家采摘的新鲜果蔬。行走在湿滑的水泥路上，雨伞与雨伞相撞，让江美灵不满地皱起了眉头：“你说的菜市场，就是这里？”

“对啊。”蒙安琪点点头，反问道，“难道你以为是在超市里？拜托，那里的水果和蔬菜，比这里贵一倍！”说话这工夫，又一阵寒风无情地吹了过来。见江美灵止不住地发抖，她干脆脱下了自己的外套，披在江美灵的身上，数落道：“冷了吧？让你嘴硬。”

“不、不冷。”好面子的江美灵尽管嘴上说着“不冷”，但还是打了一个大喷嚏。更让她没有想到的是，她的任性行为导致她的身体出现了极大的不适，当天晚上，她就因为高烧不退被蒙安琪送到了诊所，与此同时，江妈妈也火急火燎地赶了过来。

诊室外，蒙安琪低着头，一脸的抱歉：“舅妈，真是对不起，我没有帮你照顾好美灵，我应该多拿一件外套出门……”

“不怪你，好孩子。”江妈妈慈爱地一笑，“我最清楚江美灵的个性了。如果是她不想做的事情，你说破了嘴皮子都没有用；如果是她执意要做的事情，十头牛也拉不回来。所以，穿不穿外套，你说了不算。”

“可是、可是她是因为我的妥协，才会生病的。”蒙安琪过不去心里的坎儿，吸了吸鼻子，“早知道，我宁可晚上吃挂面，也不出门买菜了。”

“这不怪你。”江妈妈是一个明事理的女人，见蒙安琪过分自责，她语重心长地说，“其实，对她来说这次生病并不是一件坏事，至少让她明白了一个道理——固执己见对她来说没有任何好处，就当作是一个经验教训了。”说着，她拍了拍蒙安琪的肩：“走吧，我们一起进去看看她吧。”

病床上，江美灵打着点滴，一脸的憔悴，见蒙安琪一脸担忧地走了过来，她一时之间竟然有些羞愧。沉默了半晌，她自嘲地一笑：“如果我早听你的就好了，穿上一件外套，就不会感冒了。”

出乎意料的一句话，让蒙安琪连同江妈妈都一愣。“你说什么？”蒙安琪顿了顿，“你不怪我？”

“我的错，”江美灵难得意识到了自己的错误，“我不应该固执己见，一意孤行，明明知道会降温，我却因为爱美只带了三条裙子，而且我……”她看向江妈妈，支支吾吾地道：“我更不应该和您赌气。”

霎时，江妈妈红了眼眶：“没事就好，待会儿，妈带你回家。”

谁也没想到，一个小小的插曲竟然让有矛盾的母女俩冰释前嫌，紧紧相拥在了一起。更为可贵的是，一个固执己见的小女孩，深刻地意识到了自己的错误。看来，人总是会在不知不觉间成长的。

## 傲慢无礼——没有人有义务忍让你的臭脾气

这个周末，蒙安琪随蒙爸爸一起，参加了蒙爸爸同事家女儿的婚礼。

这是蒙安琪第一次近距离地看到如此美丽的新娘——她身材高挑，唇红齿白，笑起来水汪汪的大眼睛仿佛闪烁着光芒，再配上一身雪白华丽的鱼尾婚纱，她就像是从画报中走出来的人一样。

“这个姐姐好漂亮……”蒙安琪止不住惊叹。

可是，坐在蒙安琪身边的小女生对此却有着不同的看法，只见她轻哼一声，自顾自地说：“有什么了不起，等我长大了，比她还要漂亮一百倍。”说完这句话，她径直拿起了一杯橙汁，咕噜咕噜地喝了个底朝天。

女生的举动顿时吸引了蒙安琪的注意力，随后，她仔仔细细地打量了身边的女生一番。或许是意识到了女生有所察觉，她尴尬地一笑，小声地开口：“你多大了？也是初中生吗？”

“我开学读初二。”女生边说话边眨巴着眼睛。

“那你比我小一岁，我开学读初三。”蒙安琪说罢，看了看四周，“你是一个人来参加婚礼的吗？为什么不见你的家人在身边？”

“他们坐在那边。”女生指向最前排的圆桌，随后加上一句，“新娘是我姐姐。”

“你姐姐？”蒙安琪难以置信地睁大了眼睛，“那你为什么一个人坐在这里？不和你的家人坐在一起？”

“他们太唠叨。”女孩耸耸肩，吐出一个字，“烦。”

出乎意料的回答让蒙安琪一愣，她看了看不远处忙着倒酒的新娘，又看了看一脸鄙夷的女生：“你和你的家人之间……有矛盾？”

“倒也没有什么矛盾，主要是他们总拿我和我的姐姐比，而我和我的姐姐又是两个世界的人。”说这话的时候，女生跷起了二郎腿，口气也变得尖锐了很多，“用我爸爸的话来说，我的姐姐什么都好，我什么都不好，他总让我向她学习，可是我才不稀罕呢。”

“这样啊……”

蒙安琪只觉得眼前的女孩不太好相处，于是便没有再多言。与此同时，女孩的爸爸走了过来，他见女孩刻意把头扭到一边，便对着她疾言厉色地道："亲戚都在那边，就算你不想和他们坐一起，至少也要打个招呼。"

"我才不去呢。"女生固执己见，一脸的傲慢，"如果我过去了，他们一定唠唠叨叨个没完，一会儿说我的成绩差，一会儿说我不懂礼貌，与其自寻烦恼，还不如老老实实地坐在这里，直到婚礼结束，溜之大吉。"

"你真的太不懂事了！"女孩的爸爸气不打一处来。"今天是你姐姐的婚礼，平时你傲慢无礼也就算了，但是今天你必须要听我的。"说着，他一把拉住了女孩的胳膊，"你去也得去，不去也得去！"

意识到事情不妙，蒙爸爸起身急忙阻拦："老陈，大喜的日子，有话好好说，别吓到孩子。"借此时机，女孩猛地抽出胳膊躲在了蒙安琪的身后，还冲着她的爸爸吐了吐舌头，做了个鬼脸。

与此同时，蒙安琪把女生拉到了一边，耐着性子道："我不知道究竟发生了什么事情，但是作为晚辈，不管你愿意还是不愿意，都理应和长辈打声招呼，这是一种礼貌，也是一种尊重。"

"可是，在他们的眼里，我已经是一个没有礼貌的小孩了。"女生执迷不悟，大言不惭，"既然如此，我为什么要白费口舌呢？而且，就算我去了，也没有办法改变他们对我的看法，他们只会数落我一番，这不是自取其辱吗？"

女孩的爸爸大步上前，他不顾旁人异样的眼光，对着女孩道："我再问你一次，你去还是不去！"

"不去，"女孩把头扭到一边，耍起了小脾气，"如果你执意让我做我不愿意做的事情，那么就别怪我在这里大吵大闹。你知道，我什么事情都做得出来。”

“你！”女孩的爸爸忍无可忍，只听啪的一声，重重的一巴掌打在了女孩的脸上。随后，女孩怒气冲冲地转过身子，不再理会她爸爸的要求。

回家的路上，蒙安琪对着正在开车的蒙爸爸说：“刚刚叔叔的举动未免太冲动了吧？在婚礼现场打了小女儿一巴掌，岂不是让人看笑话，伤了他女儿的自尊心？”

“或许是冲动了一些，但同样作为父亲，我理解他恨铁不成钢的心情。”说着，蒙爸爸转动方向盘，驶入了右车道，“我很早就听说过他小女儿的事情，只是今日一见，果然传言非虚，我从来没有见过那么傲慢无礼的女孩，完全不把长辈放在眼里，真不知道，长大之后她会变成什么样。”

“的确，”蒙安琪点点头，“那个女孩浑身戾气，比江美灵还要偏执，真是可怕。”

“所以，适时地教育她一番，也不是什么坏事。”说这话的时候，车子已经驶入了小区大门，“毕竟父母可以包容她的任性，但是进入社会之后，没有人会纵容她的坏脾气。如果她早一点儿明白这个道理，或许还有机会改正自己的缺点。”

“就像江美灵那样？”蒙安琪问道，“她就是在生病之后，意识到了做人不能固执己见的道理，好像忽然之间长大了一样。”

“差不多吧。”蒙爸爸将车子停稳，替蒙安琪解开了安全带。就在这时，车窗外传来了嘭的一声巨响……

“发生了什么事！”蒙安琪边说，边打开车门跳了下去。当下，就在距离他们不到十米远的地方，一辆自行车和一辆三轮车相撞，她见三轮车上的老人重重地摔到了地上，急忙跑过去将他扶起：“老爷爷，您没事吧！”

与此同时，骑着自行车的男生气喘吁吁地从地上爬了起来，他猛地拍了拍身上的灰尘，对着老人道：“你是怎么骑车的！”

“小伙子，明明是你忽然从路口闯了过来，”老人嗓音沙哑，说起话来慢吞吞的，“是你闯了红灯。”

“闯红灯怎么了？闯红灯你就能撞我了吗！”男生一脸怒气，似乎有意在找不痛快，“我不管，你撞了我，你要赔我钱！”

“小伙子，做人要讲道理。”老人抓了抓身上的口袋，“再说了，我就是一个收废品的，我没有钱。”

“你是收废品的？”男生这才看到老人的三轮车上拉着几个空瓶子。霎时，他露出了鄙夷的神情：“怪不得那么臭，真是晦气！”说着，他摆了摆手，留下一句“算了，就算我倒霉！”就准备转身离开。

站在一旁目睹事情经过的蒙爸爸沉不住气了，他上前一步，毫不犹豫地拦住了男生的去路。“你这就想走？”他疾言厉色地道，“你闯红灯撞了老人，还那么傲慢无礼，你必须要和老人道歉。”

“我又不认识你，你凭什么命令我？”男生轻笑一声，诧异地看向蒙爸爸，“难不成，你和那个老头是一伙的？”

“放尊重点！”蒙爸爸眉头一皱，眼睛一瞪，看起来真的生气了，“你闯了红灯，不守交通规则，是你有错在先！你对老人态度恶劣，现在又顶撞长辈，你必须道歉。”

“你管得着吗？”男生仰起头，没有丝毫的惧怕，“我劝你还是不要多管闲事了！”事已至此，似乎没有了回旋的余地，就在这时，两位交警往这边跑来。也不知道是怎么了，刚刚还趾高气昂的男生忽然之间变成了软柿子："交警大哥，我的错，我不应该闯红灯。"

借此时机，蒙安琪壮着胆子道："还有呢？"

"还有……还有……"男生看了看老人，又看了看交警的方向，"我不应该傲慢无礼，对老人家不敬，对不起。"说着，他看向蒙爸爸和蒙安琪，"这样总行了吧？"他见蒙爸爸没有说话，便转过身子，一溜烟儿地跑了。

蒙安琪笑出了声："刚刚还是一只老虎，结果跑得比兔子还快，看来是一只纸老虎！"随后，她走到老人身边，问道："老爷爷，您还好吗？"

"我很好。"老爷爷笑着道，"小姑娘，你真是一个好孩子。"

## 背恩忘义——当你拥抱了恩情，你就拥有了全世界

自从蒙安琪寄出了第二封信件后，她每天都在期待着张振阳的回信。可是，十几天过去了，她依旧没有收到回信，这让原本满怀期待的她异常失落。这天下午，她对到家里做客的白杨柳说："我想，他一定不会给我回信了。"

"你指的是那个叫张振阳的失业青年？"对事情略知一二的白杨柳眨巴着大眼睛，脱口而出，"根据你的描述，我初步认定他是一个诚实守信，并且依赖性很强的男生。所以我敢断定，他只要收到你的信件，肯定会在第一时间给你回信。"

"是这样吗？"蒙安琪有些不自信，"我的心里七上八下的，总觉得自己在信中说的话过于直接，会伤害到他的自尊心……"白杨柳的话音刚落，敲门的声音就突兀地响起。见来

者是邮递员，她顿时来了精神："是我的信件吗？"

"蒙安琪。"邮递员念出了蒙安琪的名字，接着对蒙安琪道，"这是一封加急信件，请确认后签收。"

"是我的信。"接过信，蒙安琪对邮递员说了一句"辛苦了"，就迫不及待地拆开了信件。映入眼帘的是一行行熟悉的字迹，只见回信中写道：

蒙安琪：

你好。

谢谢你再一次在百忙之中为我指点迷津，我在你的字里行间看到了你的真诚和热情，同时，我也坚定了自己继续追求梦想的信心。告诉你一个好消息，我已经做出最后的决定了，我决定继续坚持下去，继续我的追梦之旅。

现在，我已经搬离了以前的宿舍，找到了一份新的工作，在一家蛋糕店里打工。蛋糕店的老板是一个年过六旬的老先生，他头发花白，戴着老花镜，看起来文质彬彬的，但是他手艺精湛，还获得过不少奖呢。

老先生虽然没有答应收我为徒，但是他答应我在他的店里打工，他帮我找了新的住所，还付给我工钱，我对他非常感激，暗自发誓一定不辜负他的期望，跟随他学习手艺。

在这里，我也向你表达深深的谢意，有朝一日，待我学有所成，我一定去到你的城市，让你品尝我做的蛋糕。

再一次表达我对你的感谢，谢谢。

走出迷途的张振阳

不知道为什么，看到信的末尾，蒙安琪的眼眶不知不觉地湿润了，见况，白杨柳莞尔一笑，打破了伤感的气氛：“他比我想象的还要一板一眼，说起话来也有些客套，光是‘谢’这个字就写了很多遍。”

“他的性格就是这样，唯唯诺诺，老实善良，看起来有些不自信，但只要真心对他好，他一定会报答你的。”说到这儿，蒙安琪转头看向白杨柳，话锋一转，“你知道我为什么对张振阳的事情这么上心吗？”

“因为你是个热心肠。”白杨柳不假思索地回答。

“这只是原因之一，”蒙安琪道，“我之所以帮助他，也是受我爸爸的影响，在我小的时候，我爸爸就帮过一个住在乡下的男孩。”

“还有这回事？”白杨柳顿时来了兴趣。

蒙安琪接着道：“我不知道他的名字，我只知道他学习成绩很好，但是没有钱继续上学，我的爸爸得知了他的情况后，每个月给他汇钱，供他读书，他也非常争气，每一次考试都是全班的第一名。”

“然后呢？”白杨柳用手托着下巴，追问道。

“后来，他如愿以偿地考上了大学，为了减轻爸爸的负担，他勤工俭学，在业余时间做家教，不但再没有要过我爸爸的钱，还定时邮寄特产给我的爸爸。”说到这儿，蒙安琪喃喃道，“我爸爸和我说，人生就是一个给予和得到的过程，有时候你需要给予他人爱，有时候你又会得到他人的爱，但无论是给予爱还是得到爱，都要怀着感恩的心。”

“感恩的心，感谢命运，花开花落，我一样会珍惜……”白杨柳禁不住哼唱起了她曾在节目中演唱过的《感恩的心》。霎时，她也有些动容，“你的爸爸真了不起，他用一颗善良的心教会了一个男孩什么是爱与被爱，男孩长大后，也学会了如何感恩。同时，你受爸爸的影响，也成了一个懂得给予爱的人，而被你帮助的张振阳，也用他的方式表达了对你的感激，这是一个爱的循环。”

“你说得真好。”蒙安琪嫣然一笑，“不愧是电视台的特邀主持人。”

“我只是有感而发罢了。”白杨柳调皮地吐了吐舌头，“但是，我有一个大胆的想法，我想把发生在你身上的故事讲述给小朋友们听，让小朋友们也明白什么是善良，什么是爱与被爱，我希望让他们了解，在这个世界上，爱是最温暖的事物。”

“没错，爱是这个世界上最温暖的事物，千万不要做不懂得感恩，背恩忘义的人，否则，人生一定不会幸福。”说罢，蒙安琪还补充了一句，“这句话也是我爸爸说的。他说，滴水之恩，应涌泉相报，应该感谢每一个帮助过你、给予你温暖的人。”

“太对了。”白杨柳即刻把这句话写在了笔记本上，“我一定会把这句话说给小朋友们听的。”

没错，滴水之恩，应涌泉相报。感谢每一个帮助过你、给予你温暖的人，同时，也要把爱散播给他人，只有这个世界充满爱，生活才会变得更美好。

# 第四章
# 用纯真的心，去看待这个世界

## 别小气，好喝的咖啡要两个人喝

众所周知，蒙安琪是一个乐于助人的热心肠，但凡他人有难，她都会力所能及地伸出援助之手。这不，趁着下课的时间，她马不停蹄地跑到了“拾光”花店，帮着丁巧巧给客人送花了。

她一只手捧着一束康乃馨，另一只手拿着地址，挨家挨户地查看着门牌号。“906……”她边喃喃自语，边小心翼翼地敲了敲门，顺便喊了一声，“有人在家吗？您订的鲜花到了。”

开门的是一个头发花白，但是气质出众的老奶奶，她穿着一件暗红色旗袍，接过花的那一瞬间满眼都是欣喜。“今天是我的七十岁生日。”她对着蒙安琪道，“这束鲜花是我小女儿送给我的，她现在在牙买加出差。”

“祝您生日快乐！”蒙安琪嫣然一笑，转身就要走，可是却被老奶奶拉住了。

“小姑娘，你应该还是一名中学生吧？”说着，老奶奶仔仔细细地打量了她一番，“十五岁？”

“您怎么知道？”蒙安琪只觉得有些不可思议，“很少有人能那么准确地猜出我的年纪，我刚过完十五岁生日，开学就上初三了。”

“我退休之前是老师，天天和你们这么大的孩子打交道。”说罢，她指了指屋子里，“来，喝杯咖啡。”

“啊？”蒙安琪有些受宠若惊，“这……这怎么行？”

可是，老奶奶却不管不顾，她就像是没有听到蒙安琪说的话一样，自顾自地走向客厅，从柜子里拿出了一袋咖啡，背对着蒙安琪道：“我的小女儿专门从牙买加邮寄回来的蓝山咖啡，她说这是最正宗的蓝山咖啡。”

蒙安琪平时很少喝咖啡，对咖啡也没有多大的兴趣。见况，她急忙摆摆手，略显拘谨地道：“老奶奶，您的好意我心领了，咖啡我还是不喝了，我不懂怎么品尝咖啡。”

“好喝的咖啡要两个人喝，我想将美好的事物分享给你。”老奶奶并没有让蒙安琪离开的意思，反而自顾自地拿起咖啡杯，替蒙安琪冲泡了一杯。顿时，香气四溢，就连站在门口的蒙安琪都闻到了。

盛情难却，蒙安琪不自在地坐在椅子上，手里捧着的是老奶奶为她冲泡的蓝山咖啡。或许是觉得有些尴尬，她轻轻地咧开嘴角，试探性地问道：“老奶奶，平日里您都是一个人在家吗？”

“我的大女儿会经常过来陪我，她也很喜欢喝咖啡。”老奶奶毫不避讳，想到什么就说什么，“她最喜欢猫屎咖啡，但我不习惯那种味道，相比之下，我更喜欢蓝山咖啡。”说着，她端起咖啡杯抿了一口。

蒙安琪也大胆地尝试了一下蓝山咖啡的味道，不得不承认，蓝山咖啡和她曾经在市面上买到的咖啡的味道的确不一样。它的酸、甘、醇与咖啡特有的苦味融为一体，即使不加奶和糖，喝起来也非常顺滑。猛地，她睁大了眼睛：“真好喝。”

“我没有骗你吧？”老奶奶和蔼地一笑，露出了一排整齐的牙齿，“如果你喜欢，就多带几包回去慢慢品尝。”

“不了，这样已经很冒昧了，”蒙安琪头摇得像是拨浪鼓，“而且，我平时没有喝咖啡的习惯。”

“你可以分享给你的家人和朋友，他们一定会喜欢的。”老奶奶主意已定，“而且，这是我给你的见面礼，谢谢你送来了这束鲜花，我非常喜欢。”

回去的路上，蒙安琪的心情分外地舒畅。说实话，这已经不是她第一次帮助丁巧巧送花了，可她从来都没有遇到过类似的事情。回到花店里，她把一包蓝山咖啡递给了丁巧巧：“我记得你喜欢喝咖啡。”

“蓝山咖啡？”丁巧巧急忙放下手中的剪刀，“你在哪里买到的？”

“牙买加。”蒙安琪半开了一个玩笑，接着把刚刚发生的事情说给了丁巧巧听，说罢，她还禁不住赞美了一番，“那个老奶奶可真热情，素未谋面，却盛情款待我，临走时还送给我见面礼，我都不好意思了。”

“的确是一个可爱的老人，只不过……”丁巧巧顿了顿，“这是你的劳动所得，这么珍贵的礼物，你舍得送给我吗？”

“当然了，老奶奶说了，好喝的咖啡要两个人喝，美好的事物就是要相互分享。”说着，她笑了笑，“分享会让人变得快乐。”

“没错，分享会让人变得更快乐。”说完这句话，丁巧巧把桌子上的材料一股脑地装到了箱子里，随后，她从冰箱里拿出一个巴掌大的芝士蛋糕放到了桌面上，“只不过，单单品尝咖啡，似乎少了点什么，配上一个甜品就刚刚好了。”

“巧巧姐，我刚刚喝完一杯咖啡，你该不会又让我喝一杯咖啡吧？我晚上会睡不着觉的！”说着，她摆摆手，“我明天一早还要上补习课呢。”

“我喝咖啡，你喝橙汁。”丁巧巧边说，边为蒙安琪倒了一杯橙汁，“但是你要陪我一起吃芝士蛋糕，这样，蛋糕才会更好吃。”

“那……我就恭敬不如从命了！”蒙安琪用叉子叉起一块蛋糕放入口中，这一刻，香甜的气息充盈了她的口腔，她竟然尝到了幸福的滋味……

没错，好喝的咖啡要两个人喝，好吃的蛋糕要两个人吃。分享会让一个人的快乐变成两个人的快乐，让一个人的幸福变成两个人的幸福。如果人人都学会了分享，那么世界就会变得不一样。

## 分享快乐，你会得到双倍的快乐

所有人都知道，白杨柳是个小童星，从小就是万众瞩目的焦点，只要有她的地方，都不缺“小粉丝”的追捧。但是很少有人知道，即便是这样的人生，也有数不尽的烦恼。就好比当下，她整个人就像是泄了气的皮球一样，垂头丧气。

作为白杨柳最好的朋友，蒙安琪只觉得心急如焚、坐立不安：“杨柳，不就是选角失败了吗？有的是机会，大不了下一次再试一试，不至于因为这件小事而郁郁寡欢吧？”

“这对我来说不是小事，”白杨柳懊恼地深叹一口气，低下头说，“看来还是我的自我感觉过于良好，我根本就不是做演员的料。”

“才不是呢，只是那个角色刚好不适合你。”蒙安琪宽慰道，“你是童星出身，现在又是电视台的特邀主持人，选角导演当然要挑选最适合你的角色了，现在没有合适的角色，那就等下一次，多么简单的道理。”

“失败了就是失败了，不行就是不行，我不会为我的失败找任何借口。”说完这句话，她抬头看向蒙安琪，“我是不是太自负了？”

“自负？”蒙安琪险些笑出声，“拜托！现在的你不但不自负，反而有点儿自卑，喜欢胡思乱想。”说罢，她拉起白杨柳的手：“走吧，苦恼是解决不了问题的，我带你去一个地方，保证你能够忘记烦恼。”

在蒙安琪的带领下，白杨柳来到了一家奶茶店。和其他奶茶店不同的是，这家奶茶店里到处都是可爱的泰迪犬，因此，奶茶店店名为“泰迪甜品站”。白杨柳很喜欢小动物，当她坐在座位上看到可爱的泰迪犬正在她的周围玩耍时，她竟然瞬间忘记了烦恼。

“我怎么不知道还有这样一家店？”白杨柳边说边拿起食物，试图用食物的香气引诱泰迪犬走过来。

蒙安琪莞尔一笑：“我也有烦恼，每当我心情不好的时候，我都会来这里，甚至会待上一天。不知道为什么，当我看到这些可爱的小动物时，我的烦恼就会烟消云散，变得快乐起来。所以，我也希望把这份快乐传递给你。”

“我的梦想就是在海边买一所大房子，养很多的小动物。”谈起自己的梦想，白杨柳的嘴角洋溢出了久违的笑意，“我还想建一个马场，我想骑着马在草原上奔驰，再戴一个牛仔帽，就更好了。”

“马场？”蒙安琪笑出声，“你的想法可真特别。”

“当我梦想成真的时候，我一定会邀请你到我的家中做客，我还会给你准备一个房间，你想要住多久都可以，只要你喜欢。”说着，白杨柳一把将闻香而来的泰迪犬抱在了怀里，她一会儿搓搓它的头，一会儿揉揉它的身子，咯咯咯地笑个不停。

蒙安琪提到嗓子眼的小心脏终于放了回去。她知道，白杨柳虽然外表乐观、开朗，但是因为她比同龄人经历更多，所以内心格外脆弱、敏感，她也格外地在乎输赢。就像是这一次的选角失败，或许对于蒙安琪来说只是一件微不足道的小事，但是对于白杨柳来说，却是致命的打击。好在，在自己的帮助下，她终于笑了。

借此时机，蒙安琪小心翼翼地问出口：“现在你还会因为那件事情而烦恼吗？”

猛地，白杨柳的身子一颤，但她仅仅是愣了一秒钟，就尴尬地笑出了声：“现在想一想，似乎并不是什么大事了。”

“就是。人生有赢就有输，一次两次的失败，没有什么大不了，因为没有任何事情比快乐更加重要，不是吗？”说着，蒙安琪端起了奶茶，“比起听你倾诉烦恼，我更喜欢和你分享快乐，因为快乐一旦分享，就会变成双倍的快乐，这样比较划算。”

“快乐还能计算？”白杨柳惊奇地睁大了眼睛，“我还是第一次听说。”

“当然了，一个苹果两个人吃，一个人虽只能吃一半，但是两个人却可以品尝到一样的味道。快乐也是一样，一份快乐两个人分享，两个人就会拥有同样的快乐。这也是为什么，我会把你带到这里来。”

就在说话的时候，不远的地方传来了熟悉的旋律——“祝你生日快乐，祝你生日快乐，祝你生日快乐，祝你生日快乐……”接着，欢呼声响起，只见坐在人群最中间的女孩站起身吹灭了蜡烛。

蒙安琪转过头，对着白杨柳道：“有人过生日！”

“是啊，真巧。”白杨柳看着那个女孩，不知不觉间，她也感觉到了一种别样的幸福。

只是让蒙安琪和白杨柳没有想到的是，几分钟后，那个女孩子竟然端着切好的蛋糕小心翼翼地走了过来，她将蛋糕放在了桌子上，对着她们道：“今天我过生日，请你们吃生日蛋糕。”

始料未及的温暖霎时让白杨柳的鼻子一酸：“谢谢你，祝你生日快乐。”

“不客气。”女孩开朗地一笑，“快乐这件事情，就是用来分享的。”说完这句话，她蹦蹦跳跳地离开了，留在原地的蒙安琪和白杨柳四目相对，最后心有灵犀地噗嗤一下笑出了声。

“快乐就是要分享。”白杨柳重复着这句话，迫不及待地尝了一口蛋糕，奶油融化在嘴里，甘甜的滋味顿时充盈了她的口腔，但是她感受到最多的，却是幸福。

没错，只有分享快乐，人们才能体会到幸福的滋味。那些不好的事情，都让它随风而逝吧。因为在这个世界上，唯有快乐不可辜负，不是吗？

## 你的举手之劳，会解决他人的燃眉之急

转眼间，暑假已经过去一大半了。这天放学后，陈大坤再一次缠上了蒙安琪，愣是让她定下一个具体日期，因为他已经迫不及待地要见自己的偶像了。对此，蒙安琪一个头两个大，只好耐着性子道：“陈大坤，我告诉你很多次了，我一定会在开学前安排你们见面的。”

“那为什么不是明天或是后天？哪怕是大后天也行。”陈大坤不依不饶。

“白杨柳现在正在外地录制节目，下周才能回来。”蒙安琪

说罢，掏出了自己的手机，“如果你不相信，我现在就给她打一个电话，但如果因为这通电话耽误了她的工作，你来负责。”

陈大坤也不好继续追问，只听他深叹一口气，自言自语道：“见偶像一面，难于上青天。”

“白杨柳已经答应和你见面了，你就知足吧！”说着，蒙安琪走向车站，刚好这时公交车缓缓驶来，只是让她没有想到的是，几乎就在同一时间，一个手持拐杖的老人嘭的一声摔倒在马路上，刺耳的刹车声接着响起，吓了蒙安琪一大跳。

“有人摔倒了！”

来不及多想，陈大坤第一个跑上前去，随后，蒙安琪也火急火燎地跟了上去，见摔倒的是一个老爷爷，蒙安琪即刻皱起了眉头：“我们现在应该怎么办？总不能让老爷爷躺在马路中间吧！太危险了……”

“我们先打120吧。”说着，陈大坤边打电话边捡起老爷爷的拐杖，然后他对着老爷爷道：“您能够站起来吗？”见老爷爷的动作有些吃力，陈大坤干脆脱下了书包，把书包举过头顶为老爷爷遮阳。

他们焦急地等待着救护车的到来。这时，老爷爷从口袋中拿出了一张名片，他指了指名片上的电话号码，想要说话却说不出来。好在蒙安琪聪明，她第一时间就拨通了名片上的电话号码，找到了老人的家人。

救护车将他们送到医院。蒙安琪和陈大坤守在手术室外。这时，一个四十多岁的男人步履匆匆地从电梯里跑了出来，见救助老人的是两个少年，他先是一愣，然后对着蒙安琪和陈大坤道：“你们真是见义勇为的少年，真是太谢谢你们了。”与此同时，医生从手术室里走了出来，告知老人已经没什么大碍了。这个男人对着两位少年深深地鞠了一躬，说："我已经不知道应该如何表达我对你们的感谢了。"

"举手之劳。"陈大坤嘿嘿一笑，又露出了那副玩世不恭的表情。

"没错，举手之劳。我们当时只是看到老人在马路上摔倒了，拨打了120而已。"说完这句话，蒙安琪看向陈大坤，"都是他的功劳。"

"无论如何，我都要谢谢你们。"说着，男人从钱包里拿出了五百元钱，想要当作酬谢金，却被陈大坤拒绝了。"叔叔，这是我们应该做的事情，如果我们收了你的钱，助人为乐的意义就变了。"说完这句话，他冲着蒙安琪使了一个眼色，"我们还有其他的事情要处理，所以，我们先走了。"

回去的路上，蒙安琪冲着陈大坤竖起了大拇指："真没想到，你还是一个这样的人。"

"怎么样的人？"陈大坤用手遮挡着太阳，眯起了眼睛。

"呃……"蒙安琪想了想，缓缓开口，"热心肠。"

"我本来就是一个助人为乐的人。"提到这一茬，陈大坤脚下的步子都变得铿锵有力了，"别看我平时大大咧咧，不拘小节，但是一旦有人需要帮助，我一定会第一时间伸出援助之手，从不拖泥带水。"

"真是人不可貌相，海水不可斗量。"蒙安琪道，"我还以为，你是那种遇到事情把'事不关己'的旗子高高挂起的人呢。"

"才不是呢，我最讨厌那种自私自利的人了。"陈大坤回忆道，"我的家人曾经告诉我，很多时候，你的举手之劳会解他人的燃眉之急。只有你乐于帮助他人，在你有困难的时候，他人才会帮助你。"

“说得没错，‘爱人者，人恒爱之；敬人者，人恒敬之。’你如何对待他人，他人就会如何对待你。我一直相信，做一个善良的人，就一定会成为一个幸福的人。”说完这句话，蒙安琪咧嘴一笑，“放心，我一定会把你助人为乐的优点告诉给白杨柳的。”

本以为这就是一个小小的插曲，可是，没有人想到，就在事情发生的第二天，一位日报记者就在补习班的门口找到了蒙安琪和陈大坤，得知了记者的来意，蒙安琪即刻慌了神：“举、举手之劳而已，不需要登报的……”

“是那位先生联系了我，和我说明了大致的情况，我对这件事情非常重视。”女记者说罢，拿出了事先准备好的录音笔，“我非常想知道，当你们看到老人摔倒时，第一个念头是什么呢？”

“念头？”陈大坤和蒙安琪对视了一眼，脱口而出，“我们没有任何念头。”

“没有任何念头？”女记者半信半疑。

“对，没有任何念头，”蒙安琪补充道，“是我们的本能反应促使我们这样做的，在他人需要帮助的时候，我们难道不应该第一时间伸出援助之手吗？”

没错，帮助他人无关情谊，更无关利益，而是人的本能反应，当意识到有人需要帮助的时候，力所能及地伸出援助之手，这就是最正确的行为，因为很多时候，你的举手之劳，能解他人的燃眉之急。

## 非常时期，有敢于放下身段的勇气

蒙爸爸一直在公司里担任主管一职，对于工作他向来勤勤恳恳、兢兢业业。可是，谁也没有想到，就因为一次决策的失误，他给公司造成了巨额损失。最终，在领导班子的决定下，他被迫引咎辞职了。

这对于蒙爸爸来说是个致命的打击。他把自己关在家里，不出门也不说话，这让蒙安琪不知该如何是好。这天下午，蒙爸爸把炒好的蛋炒饭端到了蒙安琪的面前，一语不发。见况，蒙安琪小心翼翼地问道："爸，您又不吃饭？"

"没胃口。"蒙爸爸说罢，给自己倒了一杯凉白开，又陷入了沉思之中。

与此同时，蒙安琪也没有了胃口。"爸，"她再次开口，"不就是失业吗？隔壁的李大娘还再就业成功了呢，您还这么年轻，为什么要自暴自弃？"

"你不懂！"蒙爸爸似乎并不想提及这个话题，"我在工作中犯了一个不能被原谅的错误，已经'臭名昭著'了。现在，如果让我再去找同样的工作，我敢保证，没有一家公司愿意给我工作的机会。"

"那、那咱就自主创业，"蒙安琪出了一个主意。"菜市场对面的小吃街有几家店铺正在出兑，您可以做点小本生意……"说着，她灵机一动，"您可以开个小店卖水饺，您最拿手的不是包饺子吗？早上还可以卖早点，牛奶、豆浆、油条……充分利用资源。"

蒙爸爸仿佛听到了一个大笑话："别拿你爸寻开心了，我怎么可能去做这个呢！"

“这有什么呢？”蒙安琪大为不解，“整条街上都是做这个的。”

“不行，”蒙爸爸摆摆手，“我可是公司的高管，根本就做不了这个。”

“爸，您现在已经不是公司的高管了，您犯错了，被公司开除了。”蒙安琪禁不住直言，“而且您也说了，照您现在这种情况，很难再找到同样的工作了。”

“话是这么说没有错，可是……”蒙爸爸的心里就是觉得不对劲儿，“可是那并不适合我。”

“怎么不适合了？”蒙安琪看了看蒙爸爸腰上系的小围裙，脱口而出，“我觉得挺适合的，比你每天穿西装看起来舒服多了。”

或许是觉得话不投机半句多，蒙爸爸摆摆手，甩下一句“我是不可能出去卖东西的！”就回到屋子里睡大觉了。

当天晚上，蒙妈妈见这对父女俩互不理睬，便开门见山地问道：“你们又吵架了？”

“没有。”蒙安琪嘟着嘴巴，把事情的来龙去脉讲给了蒙妈妈听，说罢，她还不忘嘀咕了一句，“真是好心当成驴肝肺，我好心好意替他出谋划策，可是，他却摆脸色给我看，好像我是有意害他一样。”

一旁，蒙爸爸一听这话，又不乐意了：“你这出的是什么主意？你这明明是往我的伤口上撒盐，说我只能做小本生意！”

“这句话是您自己说的，我可没有说。”蒙安琪对答如流，“而且，我并不觉得小本生意有什么不好，靠小本生意发家致富的人也不在少数，为什么别人能做，您不能做？”

蒙爸爸气得不行，啪地拍了下桌子，吓了蒙安琪一跳。见况，蒙妈妈及时制止，对着蒙安琪道：“他是你爸，无论发生什么事情，你都要尊重你的长辈，好好说话。”说着，她又转过头看向蒙爸爸，说：“我倒觉得安琪的提议不错。”

猛地，蒙安琪的眼睛一亮：“妈，您也觉得我说得有道理？”

“是啊！”蒙妈妈点点头，“我亲戚家的一个孩子，学习成绩特别好。可是，他刚大学毕业没多久就放弃了稳定的工作，选择自主创业，在他们家楼下开了一家拉面馆。刚开始的时候，他的同学都瞧不起他，说开拉面馆没有出息，可是现在，他的小生意做得有模有样，而他的同学却因为好高骛远，个个都没有找到满意的工作。”说到这儿，蒙妈妈劝蒙爸爸道：“三百六十行，行行出状元。只要肯努力，做什么都行。”

“就是。”蒙安琪急忙对着蒙爸爸道，“开个拉面馆也不错，利润高！”

殊不知蒙爸爸筷子一放，疾言厉色地道：“我再说一遍，我是不会考虑的，你们就不要浪费口舌了！”

“切。”蒙安琪自说自话，“条条大路通罗马，非常时刻，一点儿都不懂得变通。”

似乎是怕这对父女又吵起来，蒙妈妈急忙盛了一碗汤，递给了蒙爸爸。“我们没有逼你做任何事情，只是有些时候，的确要学会变通。如果找不到工作，自己做个小本生意也不错。”说着，她试探性地问道，“难道……你是碍于面子？怕同事们知道？”

“才、才不是呢。”蒙爸爸嘴上强硬，但是他急忙躲闪的眼神已经出卖了他的真实想法。没错，他并不是觉得做小本生意有什么不好，而是碍于面子，不肯放下自己的身段，毕竟，他曾经可是风风光光的公司高管啊！

可是，蒙爸爸只顾着面子，却忘了当下是非常时期，在关键时刻，人必须要懂得变通。

意识到了这个问题，蒙妈妈苦口婆心地道：“不管你是做生意，还是做高管，想要得到别人的认同，就要懂得放下身段，重新来过。只有放下面子脚踏实地地去做事，才能获得别人的信任。更何况，现在你所做的一切，不单单是为了你自己，也是为了这个家。”

不知道是不是觉得蒙妈妈的这句话说得有道理，原本态度强硬的蒙爸爸没有再做辩解，反而，他深叹了一口气，说了一句：“这件事情，我再考虑考虑吧。”

“您的意思是说，您已经开始考虑我的提议了？”蒙安琪一惊，急忙放下了碗筷。

“我可没这么说，”蒙爸爸急忙否认，“我只是说‘考虑考虑’，没有说一定要做。”

“‘考虑考虑’对于您来说已经是很大的突破了！”蒙安琪话里有话地道，“看来啊，还是我妈说话有分量……”

“别胡说八道！”蒙爸爸挂不住面子，硬着头皮一字一顿，“我只是忽然间觉得你们说得有道理。我现在已经不是公司的高管了，我应该接受这个现实。无论以后做什么，我都应该放下身段，从头来过。”

蒙爸爸态度的转变让蒙安琪喜上眉梢。“爸，我相信您无论做什么，都一定可以成功的！”说到这儿，她举起水杯，“为了您事业的第二春，干杯！”

“干杯！”蒙爸爸将杯中的水一饮而尽，这一瞬间，原本因为失业而心灰意冷的他，仿佛重见了光明。

## 永远不要戴着有色眼镜看人

众所周知，白杨柳是一个爱干净的女孩子，无论在何时何地，她的着装都是一尘不染的。所以，但凡她看到邋里邋遢的人，她都会躲得远远的，避免与其有任何不必要的交集。然而令她没有想到的是，就在这一天，她会对一个“脏兮兮”的工人产生感激之情……

事情是这样的。

这天下午，参加完节目录制的白杨柳准备一个人到商场里逛一逛。当时正是出行高峰期，公交车上人满为患，白杨柳被挤在最角落的位置，心情别提有多郁闷了！但更让她无法接受的是，站在她身边的是一位穿着工作服的工人，他脏兮兮的外套上满是灰尘，还时不时散发出一股汗臭味。

白杨柳有很严重的洁癖，当下，她就感觉到了严重的不适。可是，公交车上的人实在是太多了，整整两站过去了，她还是没能挪动一步。好在再过一站就抵达目的地了，她边说着“让一让！让一让！”，边吃力地挤出人群，最后，终于赶在车门关上之前下了车。

清新的空气伴着凉爽的微风扑面而来，顿时让白杨柳有了一种“劫后重生”的感觉，只是现实中上演的剧情往往比小说更加离奇，让她没有想到的是，更加糟糕的事情还在后头……

超市里，白杨柳一只手推着购物车，另一只手拿着手机向蒙安琪抱怨刚刚在公共汽车上发生的事情。得知了事情的经过，蒙安琪只觉得白杨柳有些小题大做，可白杨柳依旧说个不停：“我今天穿的是一条白裙子，如果他把我的裙子弄脏了，我一定会很恼火的！再说了，公交车属于公共场合，每个人都应该注意着自己的仪容仪表和个人卫生，他怎么能穿着脏兮兮的衣服呢？”殊不知说曹操曹操到，她的话音刚落，那个在公交车上遇见的工人再一次出现在了白杨柳的视线范围里。她对着电话那头的蒙安琪道：“糟糕，他跟上我了，他一定是一个坏人！我先走了，等会儿聊！”

此时此刻，那个工人正站在货架前东张西望，当他看到白杨柳的背影时，他也加快了脚下的步伐，朝着白杨柳的方向走去，似乎有意要拦住她的去路。白杨柳也不是胆小鬼，意识到有人在跟踪她，她在第一时间改变了路线，快步走到了客流量较大的食品区。转了好几圈，见跟踪她的男人没了踪影，这才松了一口气，走到了结账处。

“好险……”

白杨柳边做着深呼吸，边将一瓶冷饮和一包巧克力递给了收银员，让她没有想到的是，就在她准备结账的时候，她发现口袋中的钱包竟然不见了！她心里惊呼一声：糟糕！我的钱包被偷了！

为了避免尴尬，白杨柳故作镇定地取下书包，在书包里找到了十几块钱的零钱。与此同时，原本被她甩在身后的工人又出现了，这一次，他大步上前，径直走到了白杨柳的身后道：“你好，你的钱包是不是不见了？”

突兀的声音让白杨柳猛地一愣，霎时，她抬起头来，当她看到眼前的人不是别人，正是那个工人时，她猛地后退一步：“你到底想要做什么！”

“小朋友，别误会。”工人尴尬地一笑，露出一口洁白的牙齿。“刚刚在下车的时候，你的钱包不小心被挤掉了，我把它捡了起来，一路跟到了这里。本想找个合适的机会给你，可是，你一看到我就跑，我……”说着，他从口袋中拿出了一个粉色的钱包，“这是你的吧？不好意思，为了确认钱包的主人，我看了你放在钱包里的证件。”

出乎预料的事态发展，让白杨柳的大脑嗡的一声变成了一片空白。“哈？”她犹犹豫豫地接过钱包，发现里面的钱分文未少，“是、是我的钱包……”那一瞬间，她不知道如何表达自己既感激又愧疚的心情，最后干脆当着收银员的面，对着工人深深地鞠了一躬：“谢谢您。”

回去的路上，白杨柳再一次拨通了蒙安琪的电话，开头的第一句，她就坦诚了自己的错误：“蒙安琪，我错了，我大错特错，我不应该胡乱猜测，冤枉好人。”

“什么情况？”此时的蒙安琪就像是热锅上的蚂蚁一样坐立不安，“你刚刚和我说有人跟踪你，紧接着又慌慌张张地挂掉了电话，你知道我有多担心吗？我还在犹豫着要不要报警救你呢！”

“是我错怪了他，错怪了那个工人。”白杨柳尴尬地一笑，“我看他穿着一身脏兮兮的工作服，又屡次在我的面前出现，就认定他不是一个好人。但是就在我结账的时候，他竟然把我在公交车上遗落的钱包还给了我。正是他的出现，才解了我的燃眉之急。所以，是我错了，我不应该戴着有色眼镜看人。”

得知了事情的来龙去脉，蒙安琪也算是松了一口气：“你啊，别那么武断，好在一切都是虚惊一场。那么，后来你们怎么样了？”

“后来，我向他表达了感激，也真诚地道了歉。得知他还要赶到工厂去工作，我还把买的冷饮送给了他，可他就是不要。”说着，白杨柳撇撇嘴，“现在想一想，当时的自己真是幼稚，怎么能因为他的衣服脏，就把他当作坏人呢？”

“就是！所以，以后你就不要那么洁癖了，免得又因为对方的穿着打扮冤枉好人。”蒙安琪半开了一个玩笑。

“好，我努力克服。”白杨柳点点头，“以后，我绝对不会以貌取人了！”

## 和志同道合的人做有意义的事

这一天，陈大坤问了蒙安琪这样一个问题——你觉得人生中最大的乐趣是什么？蒙安琪想了想，一本正经地回答道：“和志同道合的人做有意义的事情，就一定会收获最大的乐趣。”

“和志同道合的人做有意义的事？”陈大坤挠了挠头，啧了一声，“你的回答总是那么深奥……”

“你有志同道合的朋友吗？”蒙安琪问陈大坤。

“我？”陈大坤低下头思索了一番，只是他想来想去，也没有在自己的身边找到“志同道合的人”。他顿了顿，说：“我和我的朋友相处得还不错，但他们都和我一样，不喜欢学习，无所事事，我们唯一的爱好就是在操场上踢足球。我不知道，这算不算志同道合的朋友？”

蒙安琪听后，即刻坐直了身板，一针见血地道：“在我看来，你所谓的朋友，根本就不算是真正的朋友。”

“不算是真正的朋友？”陈大坤一愣，“为什么这么说？”

“真正的朋友一定是有对你有益的，他们不会放纵你懒惰，不会眼睁睁地看着你堕落，他们会一心一意地为你好，希望你获得进步。而你那些所谓的朋友，不会督促你前进，只会陪着你胡闹。”她很诚恳地给了陈大坤一个建议，“你应该多结识一些对你有益的朋友、值得交往的朋友，这样你才能在无形中取长补短，获得进步。”

“那……白杨柳呢？你们是志同道合的朋友吗？”陈大坤又问。

“当然了，我们两个可是形影不离的闺蜜。”蒙安琪一五一十地道，“在班级里，她乐于助人、勤奋好学；在生活中，她是一个多才多艺、乐观开朗的人。我真的很欣赏她。”说完这句话，她忽然想起一件事情，又说：“对了，我今天下午要去图书馆参加读书会，你去不去？”

“图书馆有什么好去的？还不如回家睡大觉呢。”陈大坤摆摆手，“不去。”

“你确定？”蒙安琪眉梢轻挑，话里有话地道，“那可真是太可惜了！你没有办法一睹白杨柳的风采了，今天，她会在读书会上分享《麦田里的守望者》的读后感。或许，你可以通过这一次的机会提前和她见面。”

谁知一听到白杨柳的名字，陈大坤的态度来了一个一百八十度的大转弯，连小眼睛都亮了起来。“真的假的？我的偶像也会参加读书会？”下一秒钟，他就从书包里拿出了一本破了皮的小人书，“你看，我也喜欢看书，我也经常去图书馆。”

“你的意思是说，你也要去？”蒙安琪明知故问。

“去！当然去。”陈大坤强忍着笑意，“我一定准时参加读书会。”

下午三点整，陈大坤已经在图书馆门口等候多时了。见蒙安琪和白杨柳姗姗来迟，他激动得语无伦次：“白杨柳，你好，我……我是你的忠实粉丝，我叫陈大坤，我喜欢踢足球、打篮球，我……我……”

蒙安琪还是第一次看到陈大坤如此慌张的模样，她噗嗤一下对着白杨柳笑出了声，说：“这就是我和你提过的陈大坤，那个向来不拘小节的男生，是不是和你想象的不太一样？”

“是有点儿不太一样。”白杨柳看着陈大坤一身干净利落的装扮，莞尔一笑，“你好，我是白杨柳，很高兴认识你。”

“我……我……”陈大坤支支吾吾了半天，也没能说出一句完整的话。最后，他恭恭敬敬地做了一个“请”的手势，跟着蒙安琪和白杨柳走进了图书馆。

读书会上，白杨柳落落大方地站在讲台上，一只手握着话筒，另一只手向书友们展示《麦田里的守望者》这本书。只听她道：“《麦田里的守望者》是一本用青少年的口吻讲述的关于年轻人的故事。故事的主人公霍尔顿有些叛逆，他不学无术、满口脏话，同时，他也有一颗敏感的心。他痛恨虚伪的人，痛恨‘假模假式’的社会，他很想要逃离他所在的地方，甚至想要跑到乡下装作聋哑人，摆脱世俗，但是他又不得不面对现实。霍尔顿是悲伤的、痛苦的，但是他的幻想是无比美好的，他向往纯洁，向往安逸，他最大的梦想就是成为一个麦田里的守望者，他想要守着那些天真烂漫的孩子们，他们就像是他的弟弟妹妹那样，他希望他们永远保持一颗像水一样透明的心……”

听到这儿，原本对读书会毫无兴趣的陈大坤，忽然之间在脑海中勾勒出了一幅美好的画面——一望无际的麦田中，处处都是金灿灿的，一个穿着麻色布衣、头戴草帽的少年在风中欢呼、奔跑……他忽然觉得，这个名为霍尔顿的男生，在性格的某些方面和他有一些相似之处。

读书会结束后，只听蒙安琪对着陈大坤道：“你为什么那么安静？都不像你了。”

“是啊，”白杨柳走到了陈大坤的身边，笑着道，“我听蒙安琪说，你是一个性格有些叛逆，但是心地特别善良的男生。”说到这儿，她后知后觉地道，“你给我的第一印象，和霍尔顿有些相像。”

“我也觉得，我和他有点儿像，所以，我惊讶到了。”陈大坤一五一十地道，“我不喜欢学习，也不喜欢读书。可是，今天我听了你分享的《麦田里的守望者》这本书，我忽然觉得书是那么的神奇，我竟然可以在书中看到自己的影子。这是我从来都没有过的一种感受。”

“这就是书籍的魅力。”白杨柳温声细语，“所以，从今天开始，你准备喜欢上读书了吗？作为你的朋友，我希望你可以喜欢上阅读，喜欢上读书，这样，我们才能共同进步。”

“哈？”忽然的提问让陈大坤一愣，“你……你答应和我做朋友了？”

“你可以尝试着喜欢上阅读，我为什么不能尝试着和你做朋友呢？或许，你会因为我们而喜欢上学习，而我们会因为你喜欢上运动，我们会在一起做更多有意义的事情呢。”说着，白杨柳伸出一只手，“很高兴认识你，以后还请多多关照。”

“多、多多关照。”

陈大坤受宠若惊地伸出手与之相握，那一瞬间，除了感激，更令他动容的是，他在恍惚之间察觉到了“朋友”的真正意义。朋友，绝对不是仅仅陪着你吃喝玩乐的人，还应该是督促你进步，让你变得更好的人。

## 做一个被别人需要的人，真好！

没有什么比做一个被别人需要的人，更令人觉得欣慰了。

直至今日，蒙安琪才终于明白了这句话的真正意义。她在开学前的最后两周里，再一次收到了张振阳的来信，信中的张振阳讲述了他最近几日发生的故事，还在信的末尾对蒙安琪写道："安琪，谢谢你一直以来对我的帮助，我希望我以后也可以像你一样，成为一个被别人需要的人。"

"妈！"蒙安琪第一时间找到了在书房里看书的妈妈，"我真的好开心啊。"

"发生什么事了？"蒙妈妈摘下眼镜，看着蒙安琪手中的信件，顿时猜出了一二，"张振阳的回信？"

"对！"蒙安琪边说，边把信件递给了蒙妈妈，"他说，我给了他很大的鼓舞和帮助，以后再遇到类似的事情，他一定会想到我对他说过的话。"她想到了自己的爸爸，又说："爸爸也曾帮助过一个男生，我想，他一定和我的心情一样。"

"没错，做一个被别人需要的人，其实是一件很让人欣慰的事情。"蒙妈妈缓缓开口，"你知道吗？在你爸爸年轻的时候，他还到敬老院里做过义工呢！他给老人洗澡，帮老人按摩，陪老人下棋。我就是在那个时候，喜欢上你爸爸的。"

"真的假的？"想起爸爸平日里不苟言笑的样子，蒙安琪真的很难想象他和老人在一起其乐融融的画面。随后，她好奇地问道："他为什么会想到去敬老院做义工？"

"他说，他喜欢那种被需要的感觉，"蒙妈妈回忆道，"敬老院里的老人们没有儿女的陪伴，大多都非常孤单，每一次他去到那里，看到老人们喜笑颜开的样子，他都有一种无法言语的幸福感和责任感。”

“幸福感和责任感……”蒙安琪重复着这话，喃喃道，“就是我收到张振阳回信时的那种感觉吗？”

“没错，这种幸福感和责任感，会让你充满力量和希望，你会想要变得更加优秀，有更多的能量帮助更多的人。”蒙妈妈话锋一转，看着蒙安琪继续说道，“你知道你爸爸在学校时的外号是什么吗？”

“外号？”蒙安琪摇了摇头，“不知道。”

“同学们都叫他‘蒙万能’。”蒙妈妈笑着回忆道，“在大学的时候，他是学生会干部，也是班级的班长。那个时候，无论哪位同学遇到了困难，他都会在第一时间提供帮助，最让我记忆犹新的一件事情，是他曾在海边救过一个人的性命。”

“还有这种事？”蒙安琪即刻坐直了身子，等待着蒙妈妈的下文。

见蒙安琪做出洗耳恭听的样子，蒙妈妈也没有绕弯子，只听她道：“那一次我们班组织在海边露营，却不巧遇到了台风天。当时风急浪高，我们开始紧急撤离，可就在这个时候，海边传来了呼救的声音，当时，他没有一丝的犹豫，径直跑去救人。后来我才知道，他根本就不会游泳。”

“天啊！”蒙安琪用手捂住嘴巴，倒吸了一口凉气，“太危险了，他怎么能那么冲动！”

“后来我也问过他这个问题，他说，当时他的脑海中只有一个念头——有人需要他的帮助，所以他忘记了自己不会游泳。”说罢，蒙妈妈无奈地苦笑一声，“他就是这样一个人，把别人的事情看得比自己的事情还要重要，也因此吃了不少苦头。”

“比如说‘饭票事件’？”蒙安琪隐隐约约地想起爸爸提

起过这件事情。

“没错，当时他见一位同学家境贫寒，就把自己的饭票送给了他，结果他自己只能啃馒头吃咸菜，一个月的时间里瘦了一大圈。”蒙妈妈道，“还有一次，他帮寝室的同学打水，一个人拎了三个水壶，结果热水溅到了他的脚上，到现在还留了一个疤，但即使是这样，他还是一如既往地对同学们有求必应。毕业时，全班同学为他践行，个个哭得稀里哗啦的，就好像是再也见不到面了一样。”

“怪不得他总是和我说，一定要学会帮助别人，”蒙安琪思索了一番，“原来，他一直以来都在以身作则。”

说到这儿，蒙妈妈顿了顿：“起初的时候我会对他的行为表示不理解，为什么要把别人的事情看得比自己的事情还要重要呢？但是后来，当我看到那些老同学直至今日依旧对他赞赏不已的时候，我忽然之间顿悟了，当你真心对待一个人的时候，那些温暖的瞬间会一直存在于对方的脑海里，永远不会被抹去。做一个被人需要的人，这就是最让人欣慰的事情了。”

这天晚上，蒙爸爸十点钟才回到家。他一身酒气，但一进门就分享了一个好消息，只听他说：“你们说巧不巧，小吃街正在出兑的店铺的房主正好是我老同学的朋友，他知道我有这方面的意向，就把他的朋友约了出来。”

“然后呢？”蒙安琪急忙问道。

“老同学的朋友给了我最低的价格，还免了我的押金。”蒙爸爸一五一十地道，“可能，我真的要脱下西装做生意了。”

听到这儿，蒙妈妈这才后知后觉地问道：“哪个老同学？我认识吗？”

“认识。”蒙爸爸边说边把外套扔到了沙发上，“吴刚，大学的时候，为了他我啃了一个月的馒头。”

“是他？”蒙安琪只觉得这个世界太奇妙了，一切都像是安排好的剧本一样，处处都是巧合。霎时，她回头看妈妈，“妈妈，我现在也终于明白了，为什么要做一个被人需要的人了，因为只有被需要，你才能够被喜欢、被尊重，不被人遗忘。”

# 第五章
# 活出自己喜欢的模样，真好

## 用你的好奇心，去探索世界的奥秘

被雨水冲刷过的天空一片湛蓝，好似纤尘不染，阔别多日的阳光也不再吝啬自己的光和热，洒落在大地上，让人感到暖洋洋的。趁着难得的好天气，蒙安琪和白杨柳拎着大包小包来到了公园野餐，也借此时机，和大自然来了一次亲密接触。

白杨柳把红白相间的格子布平铺在草地上，随后，她把准备好的寿司、奶酪和酸梅汁连同精致的小篮子一起放在了格子布上。蒙安琪也把甜点和果蔬分别放入了玻璃盘中，再用几朵野花作为点缀，一切就大功告成了。

清风拂过，甜点的香气和大自然的清新气息融为一体，堪比最好闻的香水。不远的地方，郁郁苍苍的树木和山水连成一片，此情此景，让白杨柳禁不住感叹了一声：“太美了。”

“我也已经好久没有野餐了。”蒙安琪掰着手指算了算，“自从上了初中，不，自从五年级之后，我就没有野餐了，而且上一次野餐，我是和爸爸妈妈在一起，完全没有交友的乐趣，一点儿都不好玩。”

“我也是一样，平日里除了学习就是工作，完全没有自由活动的时间。”只是白杨柳的话还没说完，她就指了指不远处的人工湖边，“你看，那个人是不是董文静？”

此时此刻，背对着她们的人不是别人，的的确确是转学生董文静。只见她一只手托着腮，另一只手拿着素描笔，独自看着湖中的白天鹅发呆。见况，蒙安琪冲着她喊道：“喂！董文静——”

听到有人在呼喊自己的名字，董文静猛地回过神，向后望去。见对着她招手的是蒙安琪，她霎时有些惊慌失措，拿起画板就想跑。可就在这时，白杨柳飞快地跑了过来，只见她自顾自地拿过董文静手上的画板，“你一个人在这里画素描？”

“嗯。”董文静木讷地点点头，没了下文。

白杨柳莞尔一笑。“赶得早不如赶得巧，我和蒙安琪正准备野餐呢！”说着，白杨柳不顾董文静的反对，把她拉到了树荫下，并拍了拍自己身边的座位，“你一定还没有吃午餐吧？一起啊！”

“不会打扰到你们吗？”董文静一如既往的小声，只是明眼人都看得出来，她看起来似乎并不开心。

白杨柳是第一个察觉到她不对劲的。“文静，”她小心翼翼地问道，“你是有什么心事吗？为什么看起来闷闷不乐的样子。”

“没、没什么。”董文静尴尬地露出一丝苦笑，“我只是在为素描老师布置给我的作业而发愁。”

“就是这个？”蒙安琪看向董文静在素描纸上勾勒出的山水轮廓，“你已经画得很好了。”

“可是，老师让我们以‘有趣’为主题创作一幅素描，我画来画去都是山水画，根本就画不出任何有趣的东西……”说到这儿，她懊恼地叹了一口气，“这是我来的第三个地方了……”

“你就为了这件事伤脑筋吗？”蒙安琪眨眨眼睛，“不至于吧？”

“难道你知道如何画出一幅‘有趣’的画？”董文静半信半疑地看着蒙安琪，“这个难题已经困扰我五天了。”

蒙安琪道：“俗话说，这个世界上不是缺少美，而是缺少发现美的眼睛。同样的道理，这个世界上不是缺少有趣的事情，而是缺少发现新鲜事物的好奇心。”然后，她指向篮子接着说：“你看，那里有一只蜜蜂在偷吃我们的甜点，你不觉得这个画面非常有趣吗？”

在蒙安琪的提示下，董文静果真在篮子里看到了一只橙黄色的小蜜蜂。可是，她是个胆小的女生，她害怕蜜蜂会蜇到她，于是她急忙摆摆手，往蒙安琪的身边挪了挪：“我、我虽然喜欢小动物，但是目前还没有画蜜蜂的勇气。”

“既然如此那就画一只松鼠吧。”白杨柳边说，边努了努嘴巴，示意董文静朝左手边看，与此同时，一只小松鼠正轻手轻脚地爬到了树枝上，似乎是意识到有人在看它，它一会儿挠挠头，一会儿摆摆尾，模样非常可爱。

似乎是来了灵感，董文静急忙拿起画笔，在素描纸上画出了一个大致的轮廓，一会儿的工夫，蓝天、白云、树和松鼠，就被她绘制在了素描纸上，这美好的画面也被深深地刻在了她的记忆里。

见董文静终于不再为交作业而发愁了，蒙安琪从心里替她感到开心：“我就说了，这个世界上不是缺少有趣的事物，而是缺少发现新鲜事物的好奇心。你看，一只小小的松鼠都会给你创作的灵感，这不是很简单的事情吗？”

“或许，是我把事情想得太复杂了……”董文静喃喃自语，“其实，有时候我也很羡慕你们，你们总是能够那么轻松地发现身边的乐趣。”

“很简单，永远保持一颗好奇心，用心去观察身边的事物。”白杨柳歪着头，笑嘻嘻地道，“当你能够静下心来观察每一个小小的细节，并从中发现乐趣时，你会发现这个世界到处都是新奇的事物。”

没错，永远保持一颗好奇心，用心探索世界的奥秘，你会发现，这个世界比你想象的有趣多了。

## 亲爱的，这个世界并不是只有黑白两色

为了表达对蒙安琪和白杨柳的感激，董文静一反常态，主动邀请两个小伙伴到自己的家中做客。在一个风格简约且干净整洁的公寓里，董文静推开房门，对着她们道：“这就是我的房间。”

雪白的墙面配上黑色的吊灯和硕大的落地窗，使得整个房间看上去有一种现代感的优雅与大气。蒙安琪看了看被放在角落里的实木书桌，禁不住开口道：“文静，你的房间真漂亮，只是……”

“过于单调，一点儿都不像是女孩子的房间，你想这么说吗？”董文静一脸平静地接过了话。

“是、是有一点儿过于单调了……在我的印象中，女孩子的房间大多都是五颜六色的，而且还有很多的玩偶和装饰品。”蒙安琪尴尬地笑了笑，随后试探性地问道，“难道……你不喜欢布娃娃吗？”

“不喜欢。”董文静摇摇头，“我的房间没有布娃娃。”

蒙安琪顿时语塞，只见她冲着白杨柳使了一个眼色，仿佛是在求救。见况，白杨柳心领神会地点点头，她先是咧嘴一笑，紧接着走到了书桌前，随手翻阅起她的绘画本：“我觉得，你不但不喜欢布娃娃，你还不喜欢一切彩色的东西。”

猛地，董文静一愣：“你、你怎么知道？”

“我当然知道了。”白杨柳故作神秘地眨眨眼睛，“你的书

包是黑色的，文具盒是白色的，平时穿的鞋子不是黑色就是白色，连衣服也是一样。”说着，她敲了敲书桌上的绘画本：“你看，你的画也只有黑白两色。”

“我只喜欢画素描，”董文静解释道，“素描只有黑白两色。”

“谁说的，用彩色的铅笔也一样可以画出素描的感觉。”白杨柳脱口而出，“我认识很多喜欢画画的朋友，他们平时最喜欢用彩色的铅笔作画了。”说着，她在手机里找到了几张照片：“你看，这是他们的作品。”

“这也太奇怪了……”董文静凑近一看，只见照片上的作品虽然用素描的方式创作，但是颜色却五彩缤纷，看上去有些不伦不类，“我是不可能用彩色的铅笔作画的，老师没有这样教过我，我也不喜欢这种风格。”

“不试试看怎么知道呢？”站在一旁一直没有说话的蒙安琪忍不住道，“生活不只黑白两色，其实，用彩色的铅笔也能画出你眼中的世界，而且，这样的世界更加多彩，更加讨人喜欢。”

可是，向来把自己封闭在悲观世界里的董文静却不这么认为，在她的潜意识里，素描就应该是黑白两色的，这个世界也并没有那么绚丽多彩，更多的是无尽的黑暗……想到这儿，她低下了头：“我眼中的世界和你们眼中的世界并不一样，我总是搬家，这种说变就变的生活一点儿希望都没有……”

“有什么不一样的，大家看到的都是同一个太阳，同一片蓝天。”蒙安琪心直口快，全然不顾董文静的负面情绪，“文静，你应该尝试着打开自己的内心，接受当下的现状。在我看来，四处搬家也没有什么不好，你可以领略不同地方的风土人情，结识更多的朋友。和我们相比，你的眼界会更加开阔，这是一件好事。”

“就是。”白杨柳附和道，“我最喜欢的事情就是旅游了，可惜我每次抵达一个全新的城市都是为了工作，完全没有自由分配时间的权利。而你就不一样了，你可以尽情地在不同的城市做你想做的任何事情，看更多的风景，交更多的朋友，这难道不是一件值得庆幸的事情吗？”

“是这样吗？”董文静总觉得她们描述的是别人的生活，和自己无关。

“当然了，你和我们一样，都是初中生，初中生就是应该青春有活力，充满朝气，有敢于追求梦想的信念和勇气。”白杨柳一本正经的样子并不像是在开玩笑，“就像是蒙安琪说的那样，你应该尝试着打开自己的内心，因为不管你去到哪里，天空都是蓝色的，不是吗？”

没错，无论你抵达哪里，天空都是蓝色的，尽管偶遇了狂风暴雨，也终究会雨过天晴，而那时的天空会更加湛蓝。这是大自然的奥秘，也是一个人应有的心理状态。或许是感受到了蒙安琪和白杨柳的真诚，董文静难得地露出了笑意，小声地道：“在我生日那天，我的妈妈送了我一盒彩色铅笔，但是我从来都没有拿出来用过。”

“太好了，你可以尝试用彩色铅笔来作画。”蒙安琪出了一个主意。

“现在？”董文静显得有些为难，“我怕我画不好。”

白杨柳道：“什么都怕，那就什么都改变不了了！”

最后，在白杨柳和蒙安琪的鼓励下，董文静终于克服了心中的障碍，拿起了彩色的铅笔，在素描纸上画出窗外的景色——湛蓝的天空，雪白的云朵，郁郁葱葱的绿色植物……那一瞬间，董文静眼中的世界也变成彩色的了。

## 那些你所不知道的“新奇体验”

董文静小小的改变让蒙安琪心情大好，回家的路上她一路哼着小曲，还差点儿因为“嘚瑟”摔了一跤。好事成双，当天晚上，她又听到了另外一个更好的消息——蒙爸爸已经租下了商铺，并下定决心卖早点和夜宵了。

当时，蒙安琪激动到不知所措，她站在沙发上，冲着爸爸伸出了大拇指：“爸！您终于肯放下您的面子和身段开始创业了。我相信，您的店一定是街市里生意最红火的店！”

这本是一句鼓励的话，可谁知没过几天却变成了现实……

由于蒙爸爸的小店铺干净整洁，物美价廉，不到十平米的小店铺每天都人满为患，有的时候还排起了长队，尤其是他亲手包的水饺，总是供不应求。这可苦了蒙安琪。这天午饭后，在厨房里忙碌个不停的蒙爸爸把正在看电视的蒙安琪叫了过来：“别光顾着看电视，给我搭把手，帮我包饺子，晚上还要用呢。”

“我？”蒙安琪掏了掏耳朵，还以为自己出现了幻听，“爸，你没搞错吧？”

“难道家里除了你之外，现在还有第二个人吗？”蒙爸爸边说，便擦了擦额头上的汗渍，“快，洗手，剁馅儿。”

“剁、剁馅儿？”蒙安琪只觉得大脑一片空白，“我不会啊！”

“‘不会’不是理由，我可以教你。”没有半点儿的犹豫，只见蒙爸爸指了指水槽中还未洗净的青椒，“将青椒洗净去籽剁碎，和猪肉放在一起搅拌均匀。”

“青椒馅儿的饺子？”蒙安琪顿了顿，“能好吃吗？”

“这是客人推荐给我的做法，我们可以尝试一下。”说着，他把包好的饺子放入了冷冻柜。

“客人怎么说，您就怎么做？”蒙安琪不情愿地移步到水槽旁，拧开了水龙头，“如果客人让您做更加稀奇古怪的饺子呢？您也做？”

“做！”蒙爸爸不假思索地道，“任何事情都不能轻易说‘不’，人要有敢于尝试的精神，才能获得进步。”

一听这话，蒙安琪使劲儿撇撇嘴：“爸，您变了！前些日子你还墨守成规，说什么都不肯自降身段做小生意，现在您不但开了店，还和我说什么‘人要有敢于尝试的精神’……”

只听蒙爸爸道：“你在成长，我也一样，以前的我太死板，但经过这几天和客人的接触，我发现做生意也是一件有趣的事情，我并没有后悔我的选择。”说完这句话，他还不忘督促一句：“籽要去干净。”

“知道了……”蒙安琪拉长了尾音，紧接着深叹一口气，“今天天还没亮您就叫我帮您熬粥，现在又让我包饺子，难不成，晚上我要去你的店里帮工？”

“这个主意不错，”蒙爸爸转过头，“今晚七点准时开门，店门口不见不散。”

本以为蒙爸爸说的是一句玩笑话，可谁知当天晚上，蒙安琪刚坐下想要看书，蒙爸爸就把她连拖带拽地带到了店里。当下，蒙安琪哈欠连连地说：“爸！我今天一大早就被您叫起来熬粥，上午上补习班，下午帮您包饺子，算一算一共才休息了六个小时，您就饶了我吧！”

“做我的帮工，这是你出的主意，不是我出的主意。”蒙爸爸得理不饶人。

“但是我还是一个学生，”蒙安琪不满地皱起眉头，强词夺理，“您要考虑到我还处在长身体阶段，需要充足的休息，这样才有精力明天一早上补习班。”

“可是，你曾在你的日记里写过，你渴望有一天成为一个大人。”蒙爸爸道，“现在，你有机会成为一个大人，体验大人的生活，这对你来说也是一种新奇的体验。”说着，蒙爸爸拉开了卷闸门：“别抱怨了，事已至此，你帮也得帮，不帮也得帮。”

半推半就中，蒙安琪熬上了小米粥，又将下午包好的水饺丢到锅里煮熟。这时，第一位客人上门了，她见服务生是一个十几岁大的小姑娘，便禁不住问道：“这么小就在工作，你是在体验生活吗？”

“啊？算是吧。”蒙安琪尴尬地一笑，附和道，“老板是我爸，我是帮工。”

“你可真了不起。”客人连连夸赞，“我的女儿和你一样大，但她什么都不会，我要她向你学习。”

说话的时候，只见蒙爸爸将刚刚出锅的青椒馅儿的水饺端上了餐桌，还不忘炫耀了一番：“这些水饺也是我女儿做的，你尝尝。”

“你做的？”客人迫不及待地夹起一个水饺放到嘴边吹了吹，紧接着咬了一口，霎时，她惊奇地睁大了眼睛，“好吃。”

“真的吗？”蒙安琪有些受宠若惊，因为她平时最讨厌吃青椒，更没有尝试过青椒馅儿的水饺，但面对客人的夸赞，她也忍不住想要吃一个了。

这个晚上，蒙安琪变成了小大人，成为蒙爸爸最得力的助手。她一会儿充当厨师，一会儿充当服务员，忙得不亦乐乎，完全忘记了自己只睡了六个小时的事实。直至深夜十一点小店打烊，她才坐下来歇了一口气道：“终于轻松了。”

“感觉如何？”蒙爸爸将洗净的碗筷放入消毒柜，“明晚还来吗？”

“来！”蒙安琪不假思索地回答，“本以为会很烦琐、很无聊，但我在工作中发现，与不同的客人打交道是一件很有意义的事情。对我来说，这是一个新奇的体验。”蒙安琪掰了掰手指头，一脸惋惜地说：“只可惜，还有十几天我就要开学了，我不能再继续体验大人的生活了。”

出乎意料的回答让蒙爸爸笑出了声：“如果你喜欢，你随时都可以体验新奇的生活。这种新奇的生活不仅仅会让你收获乐趣，还会让你收获成长的意义与责任，它会让你更加独立和坚强。”

于是，这个暑假，蒙安琪不仅仅见证了蒙爸爸的成长，尝试了青椒馅儿的饺子，还体验了大人的生活，有了一段难能可贵的回忆。

## 劳逸结合，时间才会富有意义

自从见过自己的偶像之后，陈大坤一直对白杨柳念念不忘。这天晚上，陈大坤出现在了店门口，对着正在替客人打包水饺的蒙安琪道：“嘿！没想到你真的在这里，我只是碰碰运气而已。”

“你怎么来了？”蒙安琪惊诧出声，随后摆摆手，“我正忙着呢，别添乱。”

“我是客人，你怎能赶我走呢！”说着，陈大坤大摇大摆地走进了早餐店，点了一份白菜猪肉水饺，这才步入正题，“你有多久没有见到白杨柳了？我算了算，我已经有十天没有见到她了。”

“她忙着呢。”蒙安琪头也不抬地道，“自从上一次选角失败后，她又给自己报了一个影视表演培训班，针对表演进行系统性的训练，天天上课，别提多惨了。”

“惨？”陈大坤抓住了关键词，“该不会是有人欺负她吧！”

“那倒不是，只是连唯一休息的时间都被学习霸占了，身体有些吃不消。”蒙安琪一五一十地道，“我也已经好几天没有她的消息了，我怕打扰她，就没有给她发信息。”

“作为最好的朋友，你难道没有去看看她？”陈大坤话里有话地道，“你如果没有时间，我可以代替你去看看她。”

“是你想要见她吧？”蒙安琪冷眼一瞥，一针见血地说，“今天白天你就支支吾吾的，我问你你还不肯说，我就知道，你肯定有事情要求我。”

见自己的小心思这么轻易就被拆穿了，陈大坤嘿嘿一笑，坦言道：“暑假班还有十几天就结束了，我想要再见她一面。而且，上一次见面太过匆忙，我没有机会把我亲手做的礼物送给她，心里一直很遗憾。”

“可是，她现在真的很忙，”蒙安琪抬起头，“我听说她连吃饭的时间都没有，每天都在上课。”

“既然如此，那我们就明天下课后给她送一次午餐吧！”说罢，陈大坤双手抱拳，做出了“拜托”的手势，“我一定不会打扰到她的，而且我向你保证，这是我最后一次见她了。”

隔日正午时分，陈大坤等候在培训班门口，一个劲儿地冲着玻璃门里张望。蒙安琪急忙把他拉到了一边：“别那么急躁，小心耽误白杨柳上课。”

“我只是有点儿担心，难道你看不出她今天的状态很差吗？”说着，陈大坤指了指自己的眼睛，又看了看白杨柳，“她都有黑眼圈了，上一次见到她时，她还没有黑眼圈呢。”

陈大坤没有夸大其词，相比于前些日子那个青春靓丽的白杨柳，此时此刻的她显得非常疲惫，只见她坐在椅子上一个劲儿地打瞌睡，就连老师叫了她的名字她都不知道。下课后，她对着蒙安琪道：“亲爱的，我从来都没有这么难受过……”

“你是不是生病了？”蒙安琪摸了摸白杨柳发烫的脸颊，惊呼出声，“你难道不知道自己在发烧吗？”

“我吃过退烧药了。”说着，蒙安琪咳嗽了几声，这才意识到自己冷落了陈大坤。“对不起，”她抱歉地一笑，“我都忘记和你打招呼了。”

与此同时，陈大坤一脸的担忧。“你要懂得照顾好自己，生病了就在家里好好休息，怎么能够逞强呢？”说着，他对蒙安琪道，“我们把她送去医院吧。”

“不行。”谁知白杨柳想都没想就拒绝了陈大坤的好意，“我下午还有舞蹈课和钢琴课，晚上还要去电视台录节目，根本就没有时间。”

“就你现在这个状态，怎么录节目？”蒙安琪觉得陈大坤说的有道理，于是自作主张地道，“现在距离你下午上课还有两个小时，足够好好休息一下了。”说着，她一把拿过白杨柳的书包，“走，我们去医院。”

病床上，白杨柳打着退烧针，一点儿胃口都没有。“我吃不下，”她把陈大坤递给她的便当又送了回去，“我已经养成不吃午餐的习惯了。”

“那怎么行？”陈大坤急得像是热锅上的蚂蚁，“生病了不打针，又不按时吃午饭，我走了以后，会担心你的。”

“你要走？”蒙安琪捕捉到了关键词，看向陈大坤，“去哪里？”

“我、我后天就要回老家了，以后都要在那边读书，也不知道什么时候才有机会再回来。”陈大坤低下头，似乎是不想让白杨柳看到他的不舍，“所以，这是我第二次，也是最后一次见你了，我希望你可以好好照顾自己，而不是像现在这样逞强。”说着，他从背包里拿出了一本笔记本：“这是我送给你的礼物，里面都是我听到、看到过的最好笑的笑话，我喜欢看到你笑的样子。”

接过笔记本，白杨柳鼻子一酸，眼神中露出了一丝感伤。“谢谢你，我确实不懂得如何照顾自己，尤其是最近这段时间，我很想趁着暑假还没有结束，让自己再上一个台阶……”说到这儿，她挤出了一丝苦笑，“或许，我还没有习惯这种生活节奏。”

“你要学会劳逸结合。”蒙安琪既觉得心疼，又觉得可气，“你连自己都照顾不好，如何给别人带来欢乐？”

“就是，”陈大坤不自觉地跺了跺脚，“作为你的忠实粉丝，我不允许你这样做！”

不知道是不是因陈大坤眉毛微蹙的样子有些滑稽，白杨柳噗嗤一下笑出了声。“好好好，我答应你们，我会好好照顾我自己的。”她看着陈大坤真心说道，“谢谢你的关心，也谢谢你的礼物。”

“不、不客气。”陈大坤霎时安静了下来，“其实，你已经很优秀了，你不要太过勉强自己，忘记了快乐。”

“忘记了快乐……”白杨柳重复着这句话，霎时红了眼眶，“对啊，我竟然忘记了我的初心，是我太急于求成了。”

“现在明白了也不迟。”蒙安琪莞尔一笑，“找个机会，我们再去公园里野餐吧，我看过天气预报了，最近几天天气都不错。”

“好！”白杨柳笑着道，“我一定去。”

## 能屈能伸，敢作敢当

这个周六，轮到蒙安琪所在的班级到学校进行卫生清洁工作。

身穿白色球服的肖正豪站在走廊上，一只手抱着足球，另一只手叉着腰，愤愤不平地道：“搞什么，学校那么大，就我们几个人打扫卫生，这不是欺负人吗？”

“谁让你不好好做暑假作业的？”蒙安琪分析道，“如果你老老实实地做完暑假作业，也不会和我们班委一起打扫校园。”说罢，她把扫把塞到了肖正豪的手里：“一楼和二楼的地面卫生，你和李一统来负责，没问题吧？”

“那么多……”肖正豪不情愿地接过扫把，深叹一口气，“看来，今天是没有机会和那群‘小鬼’一起踢足球了……”

为了用最快的速度完成任务，肖正豪和李一统就像是上了发条一样，他们一个拿着扫把，另一个拿着拖把，一刻也不放松。这时，一个初一年级的男生走到他们面前，对着他们说：“你们两个人可真傻！”

“你说什么？”肖正豪直起身子，皱起眉头。

“我说你们傻。”男生毫不留情，盯着他们擦过的地面道，“现在是放假时间，学校里根本就没有人，地面怎么会脏呢？再说了，这里每天都有人打扫，就算你们今天偷一下懒，也没有人知道。”

听男孩这么一说，肖正豪立即停下了手里的活，对着李一统道：“他说的好像有道理。”

“我也这么觉得。”李一统说罢，把手里的拖把往水桶里一扔，“既然如此，那我们现在就去踢足球吧！”

他们来到操场上。李一统把球传给了刚刚给他们出“馊主意”的男生，禁不住道：“没想到你个子不高，脑子倒是挺聪明，要不是你的提醒，我们现在还在大扫除呢！”

“那是当然了，暑假里我天天都在操场上踢足球，所以这些事情我最清楚。”说着，男生大力地一脚射门，殊不知足球偏离了他预想的路线，嘭的一声撞到了门框上，弹出去了十米远。

李一统冲着站在操场那头的几个男生喊道：“喂——帮我们传下球——”只是让他们没有想到的是，就在这时，意外发生了……

站在对面的几个男生似乎有意在和他们开玩笑，只见其中一个男生后退了几步，再猛地向前冲刺，将球踢出了一个高高的弧度。为了接球，肖正豪和李一统一个向左一个向右，同时朝着落球处跑，可球刚一落地又弹出去了几米远，随着男生大叫一声“糟糕”，教学楼二楼的窗户玻璃哗啦一声被撞得粉碎。

似乎意识到自己闯了祸，射球的男生急忙跑出了校门。随后，门卫大爷闻声而来，他先是看了看二楼的窗户，再看了看站在原地不知如何是好的三个男生，疾言厉色地道：“你们谁踢的球？”

“不是我们……”男生支支吾吾，半天也没有说出个所以然。

肖正豪和李一统对视了一眼，站了出来：“球是我带来的，这件事是我一个人的错，和他们没关系，要怪就怪我吧。”

“不，球是你带来的，但是是我让对方传的球。”说罢，李一统看向门卫大爷，“是我没有接住球，球才撞碎了玻璃，是我一个人的责任，和他们没有关系。”

猛地，男生一愣：“你们两个搞什么鬼？明明球不是你们踢的，是另一个人。”

“可是，我们有不可推卸的责任。”肖正豪和李一统异口同声。

与此同时，蒙安琪闻声而来，见肖正豪和李一统闯了大祸，她气不打一处来：“你们两个人现在不是应该在清扫一、二楼的地面吗？为什么会跑到操场上踢足球？”说着，她看向站在一旁的男生，问道：“到底是怎么一回事？”

“我……”男生有些后怕，急忙向肖正豪求救。

事已至此，肖正豪深吸了一口气：“一人做事一人当，球是我带来的，也是我不想打扫卫生，让李一统陪我一起踢球的。撞坏的玻璃我一个人赔偿，和他们没有关系。”

“不，我也有错。”李一统看向蒙安琪，“这件事情，我们两个人一起承担。”

午休时分。蒙安琪懒洋洋地趴在教室里，看着窗外的蓝天发呆。与此同时，一个不速之客打扰了她片刻的安静。见来者是仅有一面之缘的男生，她犹豫着站起身子，走到门口：“你找我？”

“学姐。”男生看起来有些腼腆，说起话来也支支吾吾的，“有件事情我想要和你坦白。”

“什么事？”蒙安琪眨眨眼，等待着他的下文。

见况，男生鼓足了勇气道：“其实，是我怂恿他们到操场上踢足球的。我和他们说，学校的走廊每天都有人打扫，即使一天不打扫也没有关系……而且，如果当时我没有射偏足球，李一统也不会让别人帮忙传球。”说到这儿，他低下头，紧咬着唇道：“对不起，是我的错。”

得知了事情的真相，震惊之余，更多的是质疑。“事情已经过去了，你为什么还要告诉我这些呢？”蒙安琪大为不解地道，“你完全可以不用承认自己的错误。”

“我是想要坐视不管的……”男生一五一十地道，“但是，但是我看到肖正豪和李一统他们两个人敢作敢当的表现，我觉得自己实在是太懦弱了，他们可以坦然地为他们犯下的错误承担后果，为什么我不可以？所以，我想了很久，还是决定对你说出真相。”他诚恳地说：“如果你们的老师因为这件事情责罚他们，请你转告你们的老师，这件事我也有错，如果不是因为我自作聪明，事情就不会发生了。”

不知为何，面对男生的自责，蒙安琪的心里忽然产生了一股暖意，她莞尔一笑：“如果老师真的问起这件事，我一定会实话实说的，到了那时，你不会后悔你今天和我说过的话吗？”

“不会！”男生拍拍胸脯，“大丈夫一言既出驷马难追，我也要做一个敢作敢当的人。”

是啊，敢于为自己的错误承担后果，这是成长路上必不可少的一节课。或许在改变自己的过程中会有一丝犹豫，甚至会有一丝惧怕，但只要坦然面对，克服心中的恐惧，你就会成为一个敢作敢当、令人钦佩的人。

## 打肿脸充胖子，害人又害己

张婷婷迟到了，原因是暂住在她家的表哥王凯龙遇到了麻烦。

张婷婷是班级里的卫生委员，她虽然看起来是一个柔柔弱弱的女孩子，但是性格刚烈，做起事情来雷厉风行，总是能够独立解决生活中遇到的难题。反而是比她大十二岁的王凯龙，每天像个小孩子一样，总是因为口无遮拦引起祸端。

这不，前些日子在王凯龙的高中同学聚会上，他又说起了他出国留学那三年的“传奇之旅”。说到起劲儿时，他干脆拍起了桌子，对着大家道：“自从回国之后，各大公司都给我发送了邀请函，挑来挑去，我还是选择留在本地的一家公司上班，现在，我已经是公司的正式员工了！”同学们连连起哄：“既然你那么厉害，那也帮我们找一份工作呗！”这本是一句玩笑话，可王凯龙却毫不犹豫地拍了拍胸脯，说了一句：“没问题，包在我身上！”

殊不知说者无意，听者有心，他还真有一个同学因为找工作而发愁，为了找到一份满意的工作，当下他就和王凯龙互留了联系方式，还偷偷塞给他一千元作为谢礼。可是，整整五天过去了，王凯龙这边不但没有帮同学找工作，还把他的同学拉入了黑名单，结果他的同学一气之下找上门来，沟通无果之后报了警，事情闹到了一发而不可收的地步。

听到这儿，蒙安琪只觉得自己是在听故事：“你表哥为什么把他的同学拉黑了？难道他们之间出现了什么矛盾？”

“不是。”张婷婷摆摆手。“说到底，这件事都是我哥自作自受，他虽然已经转正了，但也只是一个小职员，他根本就没有机会接触到人事部的管理层人员，更没有能力推荐任何人进入公司工作。”

“既然如此，那他为什么一口答应了同学的请求？”蒙安琪诧异地睁大了眼睛。

“还能为什么？为了面子呗！”张婷婷一语惊醒梦中人，“他这个人就是这样，总是爱瞎吹牛，不知道如何拒绝别人，意气用事，打肿脸充胖子。”

“这样啊……”蒙安琪撇撇嘴，追问道，“然后呢？”

“然后我的表哥被带到警察局做笔录，一晚上没有回来，直到今天上午，我和我的妈妈才把他接回了家。”说到这儿，张婷婷懊恼地叹了一口气，“真不知道他以后还会闹出什么事来，真是又害人又害己，让人伤脑筋。”

“我想，你的表哥经历了这件事情，以后应该不会再犯同样的错误了，你就不要生气了。”蒙安琪笑着宽慰道。

可张婷婷听了这话后，更加气不打一处来。她气鼓鼓地道：“你有所不知，这已经不是他第一次闯祸了。他刚住进我们家的时候，就因为他不懂得考虑后果，意气用事，一口答应了邻居的委托，所以才导致我们全家鼻炎发作。”

张婷婷没有夸大其词，这件事情就发生在王凯龙入住他们家的第三天……

当时只有王凯龙一个人在家，他见邻居因为要临时出远门，家里养的波斯猫无人看管的事情而伤脑筋，于是主动提出帮邻居家养猫。等到张婷婷一家人回来的时候，邻居已经坐上高铁出发了。无奈之下，张婷婷一家人只好承担起了养猫的重任，只不过他们一家人全部患有鼻炎，尤其对动物的毛发过敏，没过几天全家就鼻炎发作，情况非常糟糕。

迫不得已，王凯龙只能又找了一间小仓库来养猫，可是，仓库环境恶劣，极不利于家养宠物的健康。一天的时间不到，波斯猫就因为误食了仓库角落里发霉的饼干腹泻不止，连夜被送到宠物医院，好在救治及时，没有酿成大祸，而这件事情，邻居回来之后，他也没敢告诉对方。

讲完王凯龙的事迹，张婷婷看着蒙安琪说：“你说，就这样一个人，他怎么可能会因为一件事情而改变自己的性格缺陷？就算是他后悔莫及，意识到了自己的错误，下一次遇到同样的事情时，他还是会好了伤疤忘了痛，继续犯错。”随后，她又叹了一口气：“一想到他还要在我家待上一个月，我就止不住地头疼。”

“确实是个难题。”蒙安琪应道，“做人最难的是有自知之明，可你的表哥总是打肿脸充胖子，不但耽误了自己，还伤害了身边的人，真是不应该。”话说到这儿，她才反应过来问道：“话说，你的表哥为什么会无缘无故地住到你们家？”

“还不是因为他心太软不懂得拒绝！”张婷婷无奈地回答道，“在他转正之后，公司为了方便他上下班，分给了他一套员工宿舍。当时和他在一起的还有一个实习员工，还有一个半月才转正，但也想入住员工宿舍，便和我表哥商量着这套员工宿舍先让给他住，结果我表哥二话不说就同意了。结果呢？他不敢把这件事情告诉伯父伯母，他所在的公司又刚好离我们家近，于是他就先住进我家了……”

“天啊，他也太夸张了。”蒙安琪无言以对，只能傻笑了两声，“如果他是我的表哥，我一定会疯掉的。”

“唉……”张婷婷恨铁不成钢地摇了摇头，“如果他一如既往地打肿脸充胖子，那我迟早也会疯掉的……”

## 原谅一个人，其实就像是填饱肚子那么简单

忙了一天，蒙安琪终于赶在夕阳西下前回了家，可就在小区的入口处，她竟发现丁巧巧和一位女士有说有笑地并排走在一

起，而那位女士，正是隔壁街刚开业没多久的咖啡店的老板娘。

一半是出于好奇，一半是出于困惑，隔日一大早，蒙安琪踏入了“拾光”花店，对着哼着小曲的丁巧巧道：“巧巧姐，你和隔壁咖啡店的老板娘和好了？”

“你是说娜姐？”丁巧巧放下了手中的喷壶，转身冲着蒙安琪露出了一丝笑意，“我们早就成为无话不谈的好朋友了。”

“真的假的？”蒙安琪仿佛听到了一个天大的新闻，“她不是曾经还占你便宜、欺负你吗？当时你因为她的事情，损失了不少呢！”

“是啊，虽然是一段不愉快的经历，可那些已经都是过去的事情了。”丁巧巧对答如流，“人还得向前看，我们不能总是揪着对方的小辫子不放，不是吗？再说了，每个人都有缺点，都有意气用事的时候，做人，还是要宽容一点儿。”

说曹操，曹操到，丁巧巧的话音刚落，娜姐就大步流星地闯了进来。

这是蒙安琪第一次近距离地接触娜姐。她大概三十多岁的样子，画着淡妆，一头卷发，从头到脚都透露出成熟女人独有的性感气质。她熟门熟路地坐在了椅子上，二话不说就端起丁巧巧的水杯喝了一个底朝天，这才回过神来，看着蒙安琪道：“有客人？”

“我叫蒙安琪。”不知道是不是被娜姐的架势吓住，蒙安琪拘谨地做了自我介绍，“我就住在这附近。”

“你就是蒙安琪？”娜姐眉头一抬，露出了一排雪白的牙齿。“我经常听巧巧提起你，她说你是一个懂事的好孩子，为人热情、礼貌，经常帮她送花给客人。”说着，她开了一个玩笑，“如果你喜欢，也可以到我的咖啡店帮工，我那里正缺像你这样的人手。”

“不，我只是闲来无事帮点小忙而已。”蒙安琪急忙拒绝道，“而且，我马上就要开学了。”

见蒙安琪急于拒绝的样子，娜姐爽朗地笑出了声。“我开玩笑的，看把你吓的！”说着，她转过头看丁巧巧，“商场特价，我特地帮你抢了两箱牛奶，回头你到我店里去拿，顺便帮我送束花，今天晚上有客人过生日。”说完这话，她起身就走，连招呼都没有打一下。

见况，蒙安琪咽下了因为紧张而滋生的唾液：“这个娜姐，好像确实有点儿不一样。”

“她的性格就是这样，大大咧咧、不拘小节，起初我不了解她是个随性的人，所以才闹出了很多矛盾。”说着，丁巧巧把一罐牛奶递给了蒙安琪，“好在后来，我和她有了第二次的接触，我才慢慢了解了她的个性，而且我发现，她这个人还不错。”

“所以，你就原谅她了？”蒙安琪眨眨眼，等待着丁巧巧的下文。

丁巧巧点点头，想了想道：“以前我也没有想到能够和她做朋友，我还曾和高远说过，以后和她‘井水不犯河水，不相往来’。但是人世间的情感总是那么神奇，你觉得你讨厌她，无法原谅她，但其实原谅一个人非常简单，就像是填饱肚子那样容易。”说到这儿，她看着蒙安琪，不太确定地问道：“我是不是太优柔寡断了？”

“没、没有。”蒙安琪尴尬地一笑，“我只是好奇而已，因为换作是我，我可能不会那么快地原谅一个人，因为我觉得人的性格是很难改变的，你不喜欢一个人，就是不喜欢，自己是骗不了自己的。”

“没错，一个人的性格是很难改变的，但并不代表两个不同性格的人不能做朋友。”丁巧巧回答道，“或许不同性格的人在相处的过程当中，因为观念或是表达方式的不同会产生误会和矛盾，但只要你用一颗宽容的心去看待这一切，即使吃了亏，似乎也没有什么大不了的。俗话说得好，冤冤相报何时了，得饶人处且饶人，做人，还是得要向前看。”

“冤冤相报何时了，得饶人处且饶人……”蒙安琪重复着这段话，忽然之间有一些自愧不如，“和你相比，我小气多了。昨天在学校里我还和我的同桌肖正豪闹了矛盾，我和他说了很多过分的话，我还说开学之后要向老师申请调换座位。现在想一想，他已经认错了，我不应该不依不饶，一气之下口无遮拦。”

“知错能改，善莫大焉，下一次注意就好了。”丁巧巧安慰道，“书上说，冲动是魔鬼，人在气急败坏的时候说出的话，都是没有经过大脑的话，但当你冷静下来时，就要学会反思和自省，在学会原谅别人的同时，也要学会原谅自己。”

“你说得有道理。”蒙安琪豁然开朗。她抬头看了看时钟，“巧巧姐，我要去补习班了，谢谢你给我上的这一课。”

“不客气。”丁巧巧嫣然一笑，“改天，我请你到娜姐的店里喝咖啡，我去过一次，味道还不错。”

“一言为定。”

走出门的那一瞬间，阳光洒在蒙安琪的脸上，那一刻，她忽然间意识到了宽容的力量，那是一种无法用语言来形容的力量。

# 第六章
# 在有限的时间里，学会做对的事

## 不妥协——把放弃挂在嘴边，你就输了

陈大坤回老家了，忽然之间没有人拌嘴，蒙安琪还觉得不太习惯。

这天语文课，蒙安琪像往常一样端端正正地坐在座位上听课。忽然，从她的侧后方传来了一声窸窸窣窣的异响，紧接着唰唰唰的声音传入耳朵，就好像有什么东西在快速地移动。

当下，蒙安琪的第一个反应是“有老鼠”！嗡的一声，她的大脑变成了一片空白！可是，现在正是上课时间，她不能逃跑，也不能大呼小叫，只能硬着头皮坐在座位上，与此同时，又一声异响传了进来。

“该不会真的是老鼠吧……”

蒙安琪边喃喃自语，边战战兢兢地转过了头，可不看不知道，一看吓一跳，就在后门处，她看见了一双乌黑明亮的大眼睛正透过窗户盯着她看，霎时，她惊叫了一声，用手抱住了头。

“蒙安琪！”语文老师一脸严肃地看向蒙安琪，“你在干什么？”

“有、有人！”蒙安琪哆哆嗦嗦地指向后门的方向，支支吾吾地道，“后门外面有个人。”

“有人？”语文老师放下教科书，快步走出了教室，见走廊里空无一人，便再次疾言厉色地对着蒙安琪道，“上课要好好听讲，不要东张西望、大惊小怪！”

蒙安琪一肚子的委屈，她明明看到了一双眼睛，可是，语文老师根本就不相信她说的话，还以为她在为“溜号”找借口。相比之下，苏冉更了解她的脾气秉性，刚一放学，她就凑到了蒙安琪的身边，神秘兮兮地问道：“安琪，你刚刚说你看到了一个人？”

“千真万确，准确地说，我只看到了一双眼睛。”蒙安琪心有余悸地拍了拍胸脯，“虽然我平时胆子大，但忽然之间看到了一双眼睛，还真把我吓了一跳。”

然而，苏冉的回答出乎蒙安琪的意料。她说：“我也看到了，而且我上周五就看到了，有一个男生一直鬼鬼祟祟地躲在我们教室外面，还偷偷地往教室里面看，我觉得他不是个好人。”

“你也看到了？”蒙安琪惊讶出声，“这么说来，我并没有出现幻觉……”只是蒙安琪的话还没有说完，一个身影从敞开的后门处一晃而过，蒙安琪站起身子，说道：“就是他！快！追上去！”

走廊的尽头，站在蒙安琪和苏冉面前的是一个身材矮小、面黄肌瘦的男生。他名叫顾万洲，此时他就像犯了错误的小孩一样低着头不说话，任凭蒙安琪怎么问他就是不开口。急性子的苏冉禁不住道：“你总是鬼鬼祟祟地出现在我们班门口，究竟有何居心？”

谁知听到“鬼鬼祟祟”这四个字，顾万洲莫名地激动起来，“我、我没有鬼鬼祟祟。”他的声音有些沙哑，普通话也不是很标准，“我是在听课。”

“听课？”蒙安琪和苏冉异口同声，“听什么课？”

“听老师上课。”顾万洲的手不停地搓着衣角，看起来有些拘谨，“我家里穷，没有钱上补习班，所以只能通过这种方式听课，不过你们放心，从明天开始我再也不会来这里了，我不会打扰你们学习的，但是我不会妥协，我还会继续找别的地方听课。”

得知了事情的来龙去脉，蒙安琪和苏冉面面相觑，沉默了几秒钟后，蒙安琪缓缓开口了。“原来是这样，怪不得你总是……”她把“鬼鬼祟祟”这四个字硬生生地吞到了肚子里，话锋一转，“但你总是躲在教室外面听课，也不是办法啊，无论你到哪里，都会被老师或同学发现的。”

“这是没有办法的办法……”顾万洲说，“一直被发现，就一直换地方，这已经是我换的第七个地方了，我已经习惯了。”

“第七个……”苏冉顿了顿，“你还真有毅力，如果换作是我，我肯定灰溜溜地回家了，不，如果换作是我，我肯定不会躲在补习班门口听课的……”

“你是你，我是我，我和你们的处境不一样。”说这话的时候，顾万洲的眼神又暗淡了不少，“我是一个特困生，现在还和父母住在一个面积不到二十平米的车库里，我的同学们瞧不起我，说我是村里来的，他们还模仿我说话的口音……”说到这儿，他鼻子一酸，眼眶有些泛红。

见况，蒙安琪禁不住道：“你的同学也太过分了，怎么能这样说你呢！”

“但是没关系。”顾万洲苦笑一声，“我并不会因为我的出身而自卑，也不会因为我跟不上学习进度而妥协，相反，他们越是嘲笑我，我就越要努力学习，想尽一切办法将落下的功课补上。”

“所以，你就利用暑假的时间跑到补习班里来‘蹭课’。”苏冉恍然大悟，“你真聪明，虽然是‘蹭课’，但对你来说，也是一种提高。”

“只不过，我有点儿笨手笨脚的，总是会被别人发现。”顾万洲缩了缩鼻子，撇撇嘴，“就像是现在一样，被你们发现了。”

“我们可以装作没有看到，”蒙安琪脱口而出，“你可以继续在这里‘蹭课’，我们不会告诉老师的。”

“对对对。”苏冉急忙应和，“只要我们不说，就不怕别人知道这件事情，退一万步来说，就算是被其他的同学知道了，到时候你再换个地方也来得及。”

似乎是感觉到了蒙安琪和苏冉的善意，顾万洲终于抬起头来，直视她们的眼睛：“你们真的不会把这件事告诉同学和老师吗？”

“当然不会。”蒙安琪歪着头，打趣地道，“把这件事情告诉同学和老师，对我们来说有什么好处吗？”

“那就好。”顾万洲腼腆地一笑，紧蹙的眉头也跟着舒展开来，“谢谢你们。”

“要谢就谢谢你自己吧。”蒙安琪道，“是你不妥协的精神感动了我们，换我们站在你的立场之上，说不定没有你这么优秀。”

“谢谢。”顾万洲重复着这句话，这一瞬间，阳光洒落在他的脸上，一切都是那么的温暖。

## 不自卑——战胜自己，就等于战胜了全世界

顾万洲虽然和蒙安琪、苏冉差不多大，但是他成熟的思想和强大的内心着实让两个女孩子敬佩不已。很快，他们三个人就相互熟识，并且蒙安琪还向顾万洲许诺：“以后有不懂的问

题，就问我，我保证把你教会。”

走出补习班的时候，忽然电闪雷鸣，瓢泼大雨毫无征兆地倾泻而下。顾万洲匆匆忙忙地往屋檐下躲，对着后脚跟来的蒙安琪和苏冉道：“你们两个人都没有带雨伞吗？”

“没有。”苏冉跺了跺脚，试图把裙子上的水渍甩干净，“天气预报并没有说今天有雨，只说了多云转阴。”

“据我的判断，这是一场雷阵雨。”说着，顾万洲宽慰道，“雷阵雨的特点就是来得快去得也快，不要担心，不出十分钟，雨一定会停。”

无奈之下，三个人只好站在屋檐下等待雨停。就在这时，一个浑身被雨水淋透的女生跌跌撞撞地跑了过来。只见她放下顶在头顶上的书包，一屁股坐在了台阶上，把脸埋在胳膊肘里哭了起来。

“她没事吧？”苏冉看了看完全把他们视作空气的女生，又看了看蒙安琪，“她怎么哭了？”

“不知道。”

蒙安琪摇摇头，也不知该如何是好。殊不知这个时候，顾万洲的举动出乎了她们的意料——他大大方方地走了过去，先是蹲下身子仔细瞧了瞧，紧接着拍了拍女生的肩：“你没事吧？”

见与她说话的是一个完全陌生的男生，女生急忙擦了擦眼泪，把脸别到了一边。见况，顾万洲关切地道：“下雨天地面又湿又凉，你坐在地上会生病的。”他把随手捡来用来遮雨的纸壳子递给了她：“要不，你坐在这上面？”

突如其来的关心让女生一愣，或许是觉得顾万洲的口音有些耳熟，只见她眉头一皱，虎头虎脑地说了这样一句话：“你、你是哪里人？”

“我？”顾万洲指了指自己的鼻子，“我是大同村的，刚来这里不久。”

“大同村？”女生猛地止住啜泣，“我也是。”

“你也是？”顾万洲难以置信地眨了眨眼，“我怎么没见过你？”

“我平时很少出门，来这里也已经半年多了。”女生吸了吸鼻子，眼泪噼里啪啦地又掉了下来，“你来这里多久了？”

“三个月。”顾万洲伸出三根手指头，“准确来说，应该是三个月零十天。”

“那、那你还习惯吗？”女生又问。

“还好吧。”顾万洲不知该如何回答，随后，他借机问道，“你为什么哭？难道是身体不舒服？”

“不是。”女生撇着嘴，摇摇头。“我讨厌上英语课，每次上英语课，同学们就嘲笑我的发音。直到现在，我连最基本的英语短语都学不会，而我的同学们都已经可以流利地和外国人交流了……”说到这儿，她低下了头，“我真的好自卑，我想回大同村……”

“因为这点事就自暴自弃？”顾万洲不以为然地耸耸肩，“和我相比，你幸运多了，我到现在连英语音标的发音都没学会，更别提英语短语了，如果没猜错的话，你是小学生吧？”见女生点点头，顾万洲接着道，“你比我小，你还有很多时间学习英语基础，没什么大不了。”

“可是，我们班的同学个个都比我强，”女生道，“和他们相比，我什么都不会。”

“就因为有差距，所以才要更努力。”顾万洲认真地说，“你要向我学习，不要在意他人的评价，更不要因为困难而逃避现实。如果你一味地逃避，就什么都学不成，你要改变自己的心态，自信一点儿。”

“自信？”女生喃喃着，“一个自卑的人，怎么可能自信呢？”

“把眼光放得长远一点儿。”这时，站在一旁一直没有插言的蒙安琪开了口，“你要知道，你现在所做的一切，是为了你的未来，除此之外，和任何人都没有关系。况且，自卑和逃避并不能帮你改变现状。想要改变现状，最好的方法就是迎难而上。”

“就是。”苏冉赞同道，“自卑的心理是可以克服的，就怕你不想要克服。纵观世上，许多的成功人士都是克服了自卑才走向成功的。就像德国天才哲学家尼采，他小时候就很自卑，为了克服自卑的心态，他一生都在研究人生哲学，最后成了哲学家。”说着，她给女生加油打气道：“心态的转变就在一瞬之间，只要你想，就一定可以做到。”

“真的是这样吗？”女生喃喃着，“克服自卑的心理，真的有那么容易吗？”

“当然了。”蒙安琪斩钉截铁地道，“就像苏冉说的，只要你想，就一定做得到！”

说话这工夫，雨渐渐停了下来，只见顾万洲抬头看了看钟楼，对着三个女生道：“我要先走了，我还要赶去另外一个补习班。”他对着蒙安琪和苏冉爽朗地一笑，说道：“今天谢谢你们了，明天见。”

“明天见！”看着顾万洲匆匆离去的背影，蒙安琪百感交集的同时，心里也升起了丝丝的暖意。

与此同时，刚刚还哭哭啼啼的女孩子彻底地冷静下来了，她先是看了看顾万洲离去的方向，紧接着将视线移向远方，喃喃自语道：“我们都是从大同村来到城市的人，为什么我们那么不一样……”

“每个人都不一样，”蒙安琪笑着道，“但是，只要有一颗乐观、积极、不再自卑的心，就都是好样的。”

没错，只要有一颗乐观、积极、不自卑的心，无论你在天南还是海北，都是好样的。

## 不急躁——欲速则不达，放松心态慢慢来

转眼间，蒙爸爸的小店经营了一段时间了。这段日子以来，他每天早出晚归，非常辛苦，精神状态也一天不如一天。

这天下午，蒙安琪看着蒙爸爸独自坐在餐桌前发呆，便轻手轻脚地走了过去，问：“爸，您没事吧？”蒙爸爸没有说话，只是深叹一口气，摇了摇头。见况，蒙安琪猜测道：“和客人闹矛盾了？”

“今天早上就四个客人。”蒙爸爸苦笑了一声，没有了下文。

“四个？”蒙安琪大吃一惊，“怎么可能？平时您的店里不都是人满为患吗？有时还排队呢！”

“三十年河东三十年河西，”蒙爸爸道出了真相，“我早上的生意，全部都被新开业的早餐店抢走了，开业大酬宾，早餐全部半价，如果换作是你，你会选择哪一家？”

“我……”蒙安琪顿了顿，抿抿嘴，“我还是吃我爸做的早餐。”

“可是，客人不是你，他们会选择更加便宜实惠的早餐。况且，那家早餐店的环境比我店里的好，食物的种类也比我店里的多，如果换作是我，我也会选择新开业的那一家。”说着，

蒙爸爸叹出一口气，“我的生意没法做了。”

“哪有那么夸张。”蒙安琪想了想，“大不了咱们不做早餐了，咱们只做夜宵，这样一来，您白天也可以多休息休息，养精蓄锐。”

“对面就是小吃一条街，客人吃多了饺子之后，还是觉得吃小吃有意思，于是都不来了。”蒙爸爸道，“现在，我是早上没生意，晚上没客人，昨天下午包的水饺，到现在连一半都没有卖出去。”

听到这儿，蒙安琪也跟着担心起来，但她并不是担心小店的生意不如以前，而是担心爸爸消极的精神状态。随后，她开口道：“爸，做生意哪有一帆风顺的？都有一个起步阶段，你别气馁，一切都会好起来的。”

“我不是气馁，我是着急。”蒙爸爸道，“实在不行，我也搞一个开业大酬宾，他们半价，我就免费，看谁的客人多！”

本以为蒙爸爸说的是一句气话，可让蒙安琪没有想到的是，蒙爸爸还真就这么做了！

当天晚上，蒙爸爸在门口贴上了告示，只见上面写道：“来者都是客，今天老板请客，全场免费。”告示一贴出，客人络绎不绝地涌上门来。这可忙坏了前来帮工的蒙安琪，只见她跑前又跑后，连额头上的汗都来不及擦。殊不知一波未平一波又起，就在临近八点的时候，一群不速之客的到来，使得事态朝着不可预知的方向发展……

来客是五个人，个个膀大腰粗，一脸的凶相，他们一坐下就每个人叫了七八盘水饺。蒙爸爸赔着笑道：“我们的水饺分量大，吃得完吗？”可是，对方却说：“你管我们吃不吃得完，既然免费，我们就吃个够。”

如此蛮横无理的态度，让很多的客人感觉到了不适，陆陆续续地离开了座位。为了避免发生不必要的冲突，蒙爸爸只能忍气吞声，把饺子下入锅中，一份一份地端了上去。这群客人也毫不客气，个个狼吞虎咽，竟然真的把所有的饺子都吃完了，等他们吃饱喝足之后，准备的水饺也全部售罄。

回到家中的时候，蒙爸爸的肠子都悔青了，他哭丧着脸坐在沙发上，对着刚刚到家的蒙妈妈道：“早知道会发生这种事情，我就应该听你的，打消‘全场免费’的念头。现在可倒好，赔了夫人又折兵，完全没有起到宣传的效果。”

“我昨晚就和你说过了，欲速则不达。”蒙妈妈上嘴皮子和下嘴皮子一碰，说得头头是道，“我可以理解你想要生意兴隆的心情，但是你的方法不可取，很多事情做到极致并不一定会有好的结果，你看，遭殃了吧？”

“我没想那么多，我只想多拉拢一些客人。”蒙爸爸道。

“可结果呢？那五个‘大胃王’还把客人全都吓跑了，你辛辛苦苦包的饺子根本就没有给客人留下一个好的印象。”蒙安琪接过话，“爸，我早和你说了，不能意气用事，做生意又不是小孩过家家，不能想一出是一出。”

“没错，你要有点儿耐心，放松心态慢慢来，人气要一点儿一点儿积累，”蒙妈妈苦口婆心地说，“就像是这饺子，要一个步骤一个步骤的来，每一个都要包得严严实实的，如果只追求快，而不追求精，最后饺子一下锅，保证全部‘露馅’，你所有的努力也都将前功尽弃。”

不得不说，蒙妈妈用包饺子来比喻做事情，真的是太贴切了。没错，做事情就像是包饺子，要一个一个包严实了，如果一味只追求快，很有可能在下锅的时候就“露馅了”。所以，速度不重要，质量才是最重要的。好在吃一堑长一智，蒙爸爸深刻地意识到了这个问题，以后再也不干这种糊涂事了。

隔日一早，蒙爸爸天还没亮就来到了店里，他摘下了告示，戴上了围裙，走进后厨，将泡好的米煮成了粥，又拿起抹布将桌椅板凳擦得亮锃锃的。这一刻，太阳从东方升起，笑容又重新挂在了他的脸上。

## 不逃避——迎难而上，才是真正的勇敢少年

隔日在补习班上，发生了一件大事——苏冉的同桌李浩在课间的时候发现自己的钱包不见了。当下，只见李浩站在讲台上，扯着嗓子对着同学们道：“你们有谁看到我的黑色钱包了吗？钱包里有我的身份证，还有一千元现金！”

一千元钱！

教室里一片哗然，就在这时，坐在李浩身后的男同学突然想起了什么，他站起身，指了指窗外：“今天早上上课之前，我看到一个男生鬼鬼祟祟地从窗户外往里面看，他会不会就是小偷？”

提到这一茬，又有一个女生说话了：“没错，我也看到了，我不光今天看到了，我前几天也看到了，他一直在教室门口徘徊，不像是好人。”

与此同时，蒙安琪隐隐约约地感觉到了一丝不妙，因为她知道，同学们口中那个“鬼鬼祟祟”的人不是别人，正是顾万洲。而她根本就不相信李浩的钱包是顾万洲偷的！同样，苏冉也不相信顾万洲是小偷，她走到蒙安琪的身边，俯下身子对着她小声道：“我不相信钱包是顾万洲偷的。”

“我也不相信。”蒙安琪斩钉截铁地道，“他不可能是小偷！”

殊不知，蒙安琪和苏冉异样的行为完完全全地被李浩看在了眼里，李浩指着她们的方向道：“你们两个人在嘀嘀咕咕些什么！难道你们知道是谁偷了我的钱包？”

“不、不知道！”苏冉吓了一跳，急忙否认。

就在这时，刚刚说话的女同学皱起了眉头：“不对，我昨天看到她们和那个鬼鬼祟祟的男生在一起说话，说不定他们认识。”

剧情的发展出乎所有人的意料，霎时，蒙安琪和苏冉被当成了小偷的“同党”，遭到了全班同学的怀疑。苏冉愤愤不平地道：“没错，我们是认识你们口中的那个男生，但他是一个好人，他不是小偷，我们也只是朋友。”

“一个好人会偷偷摸摸地躲在教室外面吗？”李浩眉头一皱，似乎认定了顾万洲就是偷走他钱包的小偷，“我不管，今天无论如何也要找到他，让他交出我的钱包，否则，我就告诉老师。”

在李浩的带领下，几个男生大摇大摆地走出了教室。见况，蒙安琪和苏冉从后门追了上去，蒙安琪伸出双臂拦住了李浩的去路，对着他道：“你有什么证据证明是他偷了你的钱包？”

李浩对答如流：“你有什么证据证明他没有偷我的钱包？”

“你！”苏冉气不打一处来，“你这是强词夺理，污蔑好人……”殊不知她的话还没说完，一个熟悉的身影就从走廊的尽头走了过来，见来者不是别人，正是他们正在找的顾万洲，苏冉急得直跺脚：“你怎么来了？他们正在找你呢！”

“我知道！”顾万洲分外冷静。“我刚刚就站在走廊外面，你们说的话我都听到了。”说着，他从口袋里拿出了一个黑色的钱包，“你看看，这是不是你的？”

“呵！你们看，他真的是小偷！”李浩一把拿过钱包，打开一看，却发现钱包里除了几张证件之外，空空如也。见况，他摊出一只手，冷哼一声：“小偷就是小偷，把里面的钱还给我，一千元钱，一分都不能少！”

“我没有偷你的钱包，更没有拿你的钱，你的钱包是我刚刚在垃圾桶里找出来的。”说着，他指向男卫生间门口的垃圾桶，“我今天一早就看到那里有一个钱包，我以为是别人不要的钱包，就没有在意。后来我听到你丢了一个黑色的钱包，于是就把它捡了出来，里面有什么，少了什么，我什么都不知道。”

“骗谁呢，好好的钱包怎么会跑到垃圾桶去，又正好被你看到？一定是你偷了钱包拿了钱，又把钱包丢到了垃圾桶里，为了洗脱嫌疑，你才又把钱包捡了回来，想要息事宁人。”说话的是一个身材高大的男生，他说完这句话，还哼了一声，好像他说的是他亲眼所见的一样。

忍无可忍，无须再忍，一直相信顾万洲不是小偷的蒙安琪一咬牙一跺脚，干脆跑到办公室找来了老师评理。得知了事情的来龙去脉，老师第一时间找到校方，调出了靠近男卫生间走廊的监控录像，录像中显示，今天早上八点半，一个戴着黑色鸭舌帽的男子鬼鬼祟祟地走到垃圾桶前，将一个黑色的东西丢了进去，虽然看不清男人的长相，但从他的身材和穿着打扮来看，这个人绝对不是顾万洲。

真相大白，顾万洲没有说谎，他的的确确不是小偷，见况，李浩急忙向顾万洲赔了不是，只听他说：“对不起，我一时心急，不分青红皂白冤枉了你，实在是抱歉。”而顾万洲只是大度地摆摆手，说了一句“小事”，就离开了。

后来，蒙安琪问顾万洲：“当时你知道李浩怀疑你是小偷，你为什么还要帮他找到钱包？你完全可以置之不理，一走了之，毕竟你问心无愧，就算他报了警，调出监控录像也就真相大白了。”

“那我岂不是在逃避？”顾万洲笑着道，“我明明看到了他的钱包，又装作不知道，这不是我的作风。”

“前提是他们先冤枉了你，你是受害者。”蒙安琪提示道，“如果换作是我，我或许不会选择在那个时候站出来，把钱包还给他，因为他们人多势众，我不想‘惹祸上身’。”

“身正不怕影子斜。”顾万洲顿了顿，“如果知道了他们把我当作小偷就临阵脱逃，那么他们就会更加肯定我是小偷了。正因为我不是小偷，我没有做亏心事，所以我才选择迎难而上。真金不怕火炼，我只做我认为对的事情。”

没错，身正不怕影子斜，在遇到困难时无须逃避，只要正向面对，从容解决，任何难题都会迎刃而解。

## 不迷茫——迈出第一步，总好过原地踏步

“小偷事件”告一段落，补习班的同学们都认识了这个名为顾万洲的男生。顾万洲也没有避讳，他在同学们的追问之下，说出了自己的家庭背景，以及躲在教室门口是为了“蹭课”的事实。

得知了真相，同学们纷纷向顾万洲投去了赞许的目光，尤其是李浩。这天放学，他在校门口找到顾万洲，对着他再一次道歉：“对不起，我不应该冤枉你，你可一定要原谅我，不然我会过意不去的。”

“我根本就没把这件事放在心上。”顾万洲说罢，话锋一转，“那你丢的钱怎么办？”

“老师帮我报了警，我想小偷一定会被绳之以法的。”说着，李浩好奇地问道，“我一直想要知道，你说你曾多次被赶出学校，你真的不会受到打击吗？如果换作是我，碍于面子我也不会再冒风险。”

这本是一个疑问句，但听到顾万洲的耳朵里却变了味道，只见他想了想，虎头虎脑地问了一句：“你的梦想是什么？”

“啊？梦想？”李浩一愣，“不知道。”

“你难道没有人生理想，或是说一个明确的目标？”顾万洲又问。

“我……”李浩挠了挠头，啧了一声，“我喜欢音乐，长大以后想要组乐队，当键盘手。”说着，他不好意思地一笑：“我家人说我异想天开，所以，我也不确定这是不是我的梦想，对于未来，我有点儿迷茫。”

“这怎么会是异想天开呢？这是多么切合实际的一个梦想啊！”顾万洲露出了不理解的神情，“喜欢音乐，那就学习音乐的基本知识。喜欢弹琴，那就先熟悉五线谱。只要你能够弹好琴，为什么不能组乐队，当键盘手呢？”

“哪有你说的那么轻松？”李浩的语气中流露出了一丝无奈，“我有一个表哥，他以前的梦想是当一名歌手，在我小的时候，他总是信誓旦旦地说他一定会成为大明星。可是现在呢，他不但没能实现梦想，还成了一个无业游民，整天无所事事。”

“请问，他为他的梦想付出过什么努力吗？”顾万洲问道。

“我只知道，他去了一所音乐学校，但是学了不到一年的时间就放弃了，他说唱歌简单，但是想要唱好歌就太难了。”他看着顾万洲说，“我觉得，想组乐队，做一个键盘手，也不是一件容易的事。”

“任何事情都不简单。”顾万洲一字一顿地道，“你的表哥没有实现他的梦想，这件事情和‘梦想’本身没有关系，而是因为他中途放弃了，不够努力，并不代表他的梦想不会被实现。你也是一样，只要坚定你的梦想，并迈出第一步，踏踏实实地向前走，你就会离梦想越来越近。”

“你说得好像有点儿道理，”李浩点点头，不再狡辩，“我的表哥的确不够努力，他只是说大话而已。”

“所以，你可千万不要向他学习，重蹈他的覆辙。”顾万洲提了个醒，“如果你真的喜欢音乐，想要当一名键盘手，就从现在开始学习音乐基础知识，争取考上一流的音乐学院，我想，当你学成之后，你的家人一定不会说你异想天开了。”

“听你这么一说，我好像对于自己的未来没有那么迷茫了。”李浩说罢，话锋一转，“你呢？你的梦想是什么？”

“很简单，我的梦想就是考上名牌大学，学习土木工程专业，建设家园。”顾万洲一五一十地道，“所以，我现在最重要的事情，就是好好学习，无论如何，我也要把落下的功课补上，考上一所好的高中，圆我的梦。”

“我想你一定可以的。”李浩给顾万洲加油打气，“你的目标清晰，又不畏困难，敢于挑战自己，我想无论你遇到什么困难，最终都能迎刃而解。”

“借你吉言。”顾万洲笑了笑，“只要有清晰的目标，并坚定地朝着目标前行，你也一定可以实现你的梦想。到时候，我一定会去看你的演出的。”

是啊，目标不分远近，梦想不分大小，只要有坚定的信仰，并迈出坚定的步伐，就一定可以离你期许的未来越来越近。反之，如果只说空话，原地踏步，最终得到的，一定不是自己想要的未来。

## 不自满——不要因为小的成就而沾沾自喜

补习班还有一周的时间就要结束了，好在在开学之前，顾万洲实现了自己小小的心愿——他终于可以坐在教室里和同学们一起学习了。

为此，顾万洲特地感谢了蒙安琪和苏冉：“谢谢你们，如果不是你们向老师提出申请，我可能一辈子都不敢想象我能够坐在教室里上补习班，虽然是坐在角落里，但是我不用偷偷摸摸地躲着听课。这样我已经很满足了。”

“要谢你就谢李浩，”苏冉指了指坐在课桌前打瞌睡的李浩，“是他先有了这个想法，我们才壮着胆子向老师申请的。他为了满足你这个小小的心愿，还写了一封申请信，又找了全班所有的同学签名。”

“没想到他也是一个热心肠。”顾万洲由衷地道，“这个暑假可以认识这么多的好朋友，我实在太高兴了。”

好事成双，当天的下午，几日不见的白杨柳神清气爽地出现在了蒙安琪的面前，她神神秘秘地对着蒙安琪道：“告诉你一个好消息，我昨天接到通知，我已经成功地通过了面试，再过几天我就要和剧组一起去重庆了。”

“真的假的？”蒙安琪一脸的惊讶，“太突然了！”

“我也觉得很突然，毕竟前阵子我刚刚面试失败，还因为这件事情难过了好几天。”说着，白杨柳莞尔一笑，“好在，一切都雨过天晴了。时隔这么多年，我终于可以再以一个演员的身份登上荧幕了，我真的是太幸运了。”

“越努力的人越幸运。”蒙安琪道，“你放心，我一定会把这个好消息告诉班级里的同学，他们一定会很羡慕你的，到时候，我又可以炫耀一番了！”

殊不知蒙安琪的话音刚落，白杨柳就摇了摇头：“你可千万别说出去，这件事情到目前为止除了我的家人，只有你知道了。”

“为什么？”蒙安琪诧异地眨眨眼，“这难道不是一件好事吗？”

“是好事没错，但是我不想太张扬，”白杨柳解释道，“表演课的老师曾在课堂上和我们说，即使取得了再大的成就，也千万不要得意忘形，要谦虚、谦虚再谦虚，否则永远都做不了一个好的演员。何况，我只是演了一个小配角而已，不值得炫耀。”

“你可真沉得住气，”蒙安琪撇撇嘴，“如果换作是别人，恨不得让全世界都知道呢！”

“别人是别人，我是我，我有我的做事原则。”白杨柳咧嘴一笑，“总而言之，你一定要帮我保守秘密哦！”

没错，做人只有谦虚谨慎，才会不断进步，如果取得了一点儿小小的成就就沾沾自喜，敲锣打鼓恨不得让全世界的人都知道，反而会误了大事。对于这一点，蒙爸爸的悟性还没有白杨柳高。

这不，这天夜里十二点，蒙爸爸一身酒气地回到了家，被吵醒的蒙安琪见况，眉头立刻皱了一个“川”字：“爸！为什么我妈一出差您就跑出去喝酒，我已经帮您隐瞒很多次了！”

“生意好，我高兴，我请隔壁老刘喝的酒。”蒙爸爸边说，边四仰八叉地躺在了沙发上，打了一个饱嗝。

“爸！”蒙安琪不知该如何是好，“您忘了前几天您因为生意不好愁眉苦脸的事了？真是好了伤疤忘了疼……”

“我已经总结出一套经营方案——投其所好！”蒙爸爸大手一挥，“你甭管以前，以后的生意好着呢！我和老刘说，以后我的生意一定是整条街上最红火的！”

听到这儿，她想起了白杨柳白天说的那句话：“您不能因为生意好，就忘乎所以，人家说了，做生意要低调！而且，您不能太低估您的对手，对未来的危机缺少预见！”

“我说的是事实，我这几天的生意就是好！”喝醉的蒙爸爸像是小孩子一样闹起了情绪，“而且，我要让整条街都知道我的生意好！”

“爸，您喝醉了。”蒙安琪耐着性子道，“满招损，谦受益。如果让整条街都知道您的生意好，岂不是招人嫉妒？再说了，这只是取得了一点儿小小的成就而已，不足以沾沾自喜，更不必炫耀。”说着，她叹了口气：“您啊，还是洗洗睡吧！”

蒙安琪的语气虽然有点儿强硬，但她说的话不无道理。满招损，谦受益，但凡取得一点儿小小的成就就沾沾自喜，那岂不是招人嫉妒，无事找事吗？只可惜蒙爸爸像个大小孩一样，总是意气用事。

## 不空想——做梦想家，而不是做幻想家

在这短短的一个多月的时间里，很多的人和事都发生了改变。

比如陈大坤，他为了向自己的偶像看齐，终于不再邋里邋

逷了；比如白杨柳，通过不懈的努力，她为自己争取到了参演电视剧的机会；比如蒙爸爸，他面对被公司解雇的现实，脱下了西装，穿上了布衣围裙，做起了他的小生意……

一切似乎都在朝好的方向发展，但对蒙安琪来说，最值得惊奇的是一个陌生人的改变。

在开学的前一天，蒙安琪再一次收到了张振阳的来信。这一次，他的信中不单单只有一张信纸，还夹带了一张照片。照片中的男子有着小麦色的皮肤，眼睛细长，鼻子高挺，他穿着厨师服，戴着厨师帽，笑盈盈地站在镜头前展示他亲手制作的蛋糕。蒙安琪不认识照片中的男子，但是她知道，这个人一定张振阳。

果不其然，蒙安琪的猜想在张振阳的回信中得到了证实。

蒙安琪：

你好。

转眼间，和你相识已经快两个月了，在这不到两个月的时间里，你给了我无穷的动力，让走在迷途中的我找到了方向，回归了实现梦想的征途。我现在已经获得师父的信任，在他的帮助下，我制作了第一个蛋糕。为了分享我的喜悦，我让师父帮我拍了一张照片，我把这张照片当作礼物送给你，希望你喜欢。

越是深入了解这个行业，我越发现自己的选择是正确的，我热爱甜品，热爱把美好的事物分享给别人。同时，我也坚定了我的梦想，哪怕一辈子只能做一个不起眼的学徒，我也心甘情愿。因为走在梦想的道路上，我是快乐的。

如果说以前的我是一个幻想家，幻想自己可以出人头地，可以通过自己的努力让别人对我刮目相看，那么现在我已然变成了一个梦想家。我不再浮躁，不再摇摆，我有坚定的信念和十足的信心，我有自信完成生命给予我的每一次挑战，我已然不是过去的那个我，我是全新的我，全新的张振阳。

再一次对你表示深深的谢意，同时我再次向你承诺，有朝一日，待我学成之时，我一定让你尝到我亲手制作的蛋糕。

全新的张振阳

不知不觉，泪湿眼底，蒙安琪吸了吸鼻子，把信放到了一边，笑了笑：“我什么时候也变得这么伤感了呢？”想来想去，她也没有想到答案，她想，或许更容易被感动，也是一种成长吧……

蒙安琪做了一个深呼吸，试图调整自己的心情，殊不知就在这时，敲门声响起，见来者是江美灵，她禁不住叫出了声：“天啊，你不会又和家人赌气，‘离家出走’了吧！明天可就要开学了！”

“才不是呢。”江美灵撇撇嘴，语气中带着一丝不悦，“难道在你眼里，我就只有任性吗？亏我还特意前来看你，还用零用钱给你买了礼物。”说着，她把藏在身后的一盒草莓举到了蒙安琪的面前，以表示她并没有说谎。

蒙安琪尴尬地赔着笑。“是我的错，我还以为你又和家人闹矛盾了。”她边说边把江美灵拉到沙发前坐好，“想吃什么？晚上我请客。”

“不了，我妈还在家里等我呢。”江美灵歪歪头，话锋一转，“我妈妈真的给我买了辆粉色的自行车，但是我前几天又把它卖掉了。”

“啊？”蒙安琪一愣，“你为什么卖掉了？”

“就像你说的，新鲜感一过，我连碰都不想碰了，更别提骑着它上学了。”说罢，江美灵嘿嘿一笑，“我用卖掉的钱偷偷给自己报了一个模特班，我妈知道后不但没骂我，还表扬我了，说我终于做了件正经事。”

“我记得你的梦想是当模特。”蒙安琪思索了一番，“现在也是一样吗？”

“对，”江美灵点点头，“我想像电视上的模特一样，走在T台上，向观众展示漂亮的衣服，而且我有信心我一定可以实现我的梦想。”然后，她又问蒙安琪：“你的梦想是什么？你从来没有和我说过你的梦想。”

“我？”蒙安琪顿了顿，“我从来没有向任何人提起过我的梦想。其实，我想当一名心理咨询师，帮助走在迷途的人正视自己的问题，重新找到生活的希望，我希望我可以帮助更多的人实现自己的梦想。”

江美灵恍然大悟：“怪不得你那么喜欢帮助别人，原来，你也正走在实现梦想的道路上。”

“什么意思？”蒙安琪懵懂地看着一脸神秘的江美灵。

“张振阳。”江美灵提示道，“你不是一直以来都是张振阳的心理咨询师，并且给予了他很多的建议和帮助吗？”

对啊！

蒙安琪这才后知后觉，即使她一直以来都把自己的梦想藏在内心深处，不曾向任何人提起，但事实却恰恰证明，她在朝着梦想的方向努力。在不知不觉间，她已然成了别人的心理咨询师，这是多么神奇而又美妙的一件事情啊！

江美灵走后，蒙安琪将张振阳前前后后给她寄的几封信件找了出来，整整齐齐地排列在桌子上。从起初迷茫彷徨，到今日对追求梦想的坚定执着，张振阳的字里行间都展现了他的蜕变，也反映了他的成长。

蒙安琪将小小的漂流瓶紧攥在手中，笑容不自觉地挂在了脸上。她想，做自己喜欢的事情，力所能及地帮助他人，这是多么幸福的一件事情啊！与此同时，她也坚定了成为心理咨询师的梦想，她会一直坚定不移地走下去，直至永远。